体育运动

门球 三门球
MENQIU SANMENQIU

主编 范军 张董可
张阳 秦立鹏

走进**大自然**
走到阳光下
养成**体育锻炼**
好习惯

吉林出版集团股份有限公司 全国百佳图书出版单位

图书在版编目(CIP)数据

门球 三门球 / 范军，张董可等主编.—长春：吉林出版集团股份有限公司，2011.5（2024.1 重印）
ISBN 978-7-5463-5264-0

Ⅰ.①门… Ⅱ.①范… ②张… Ⅲ.①门球运动—青年读物②门球运动—少年读物 Ⅳ.①G849.9-49

中国版本图书馆 CIP 数据核字（2011）第 081747 号

门球 三门球

主编 范军 张董可 张阳 秦立鹏
责任编辑 息望 林琳
出版发行 吉林出版集团股份有限公司
印刷 三河市同力彩印有限公司
版次 2011 年 7 月第 1 版 2024 年 1 月第 8 次印刷
开本 787mm×1092mm 1/16 印张 10 字数 100 千
地址 吉林省长春市福祉大路 5788 号 邮编 130000
电话 0431-81629968
电子邮箱 11915286@qq.com
书号 ISBN 978-7-5463-5264-0
定价 45.80 元
版权所有 翻印必究
如有印装质量问题，请寄本社退换

《体育运动》编委会

主　　任	宛祝平				
编　　委	支二林	方志军	王宇峰	王晓磊	冯晓杰
	田云平	兴树森	刘云发	刘延军	孙建华
	曲跃年	吴海宽	张　强	张少伟	张铁民
	李　刚	李伟亮	李志坚	杨雨龙	杨柏林
	苏晓明	邹　宁	陈　刚	岳　言	郑风家
	宫本庄	赵权忠	赵利明	赵锦锦	潘永兴

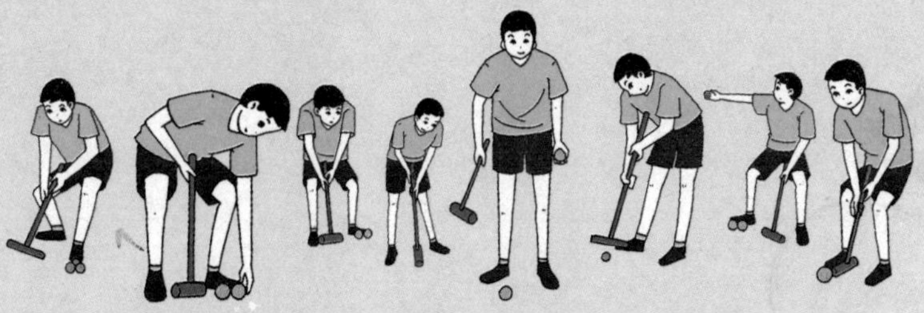

目录

门球

第一章 运动保护
- 第一节 生理卫生 2
- 第二节 运动前准备 3
- 第三节 运动后放松 8
- 第四节 恢复养护 10

第二章 门球概述
- 第一节 起源与发展 12
- 第二节 特点与价值 13

第三章 门球场地和器材
- 第一节 场地 18
- 第二节 器材 22

第四章 门球基本技术
- 第一节 基本姿势 26
- 第二节 击球技术 34
- 第三节 撞击技术 41
- 第四节 闪击技术 48
- 第五节 双杆球 53

第五章 门球基础战术
- 第一节 战术原则 66

目录 CONTENTS

  第二节 一门战术 ·················· 67
  第三节 过一门后战术 ··············· 68
  第四节 过二门后战术 ··············· 71
  第五节 过三门后战术 ··············· 75
  第六节 撞击终点柱战术 ············· 78
第六章 门球比赛规则
  第一节 程序 ······················ 80
  第二节 裁判 ······················ 82

三门球

第七章 三门球概述
  第一节 起源与发展 ················ 88
  第二节 特点与价值 ················ 89
第八章 三门球场地、器材和装备
  第一节 场地 ······················ 94
  第二节 器材 ······················ 97
  第三节 装备 ······················ 98
第九章 三门球基本技术
  第一节 站立与移动 ················ 102
  第二节 持球与传接球 ·············· 105

目录 CONTENTS

第三节 运球·······························118
第四节 掷界外球·······················120
第五节 守门·······························120
第六节 射门·······························124
第七节 个人防守·······················125
第八节 假动作···························129
第九节 突破·······························130

第十章 三门球基础战术
第一节 队员职责·······················134
第二节 基本阵形·······················137
第三节 进攻战术·······················137
第四节 防守战术·······················139

第十一章 三门球比赛规则
第一节 程序·······························144
第二节 裁判·······························146

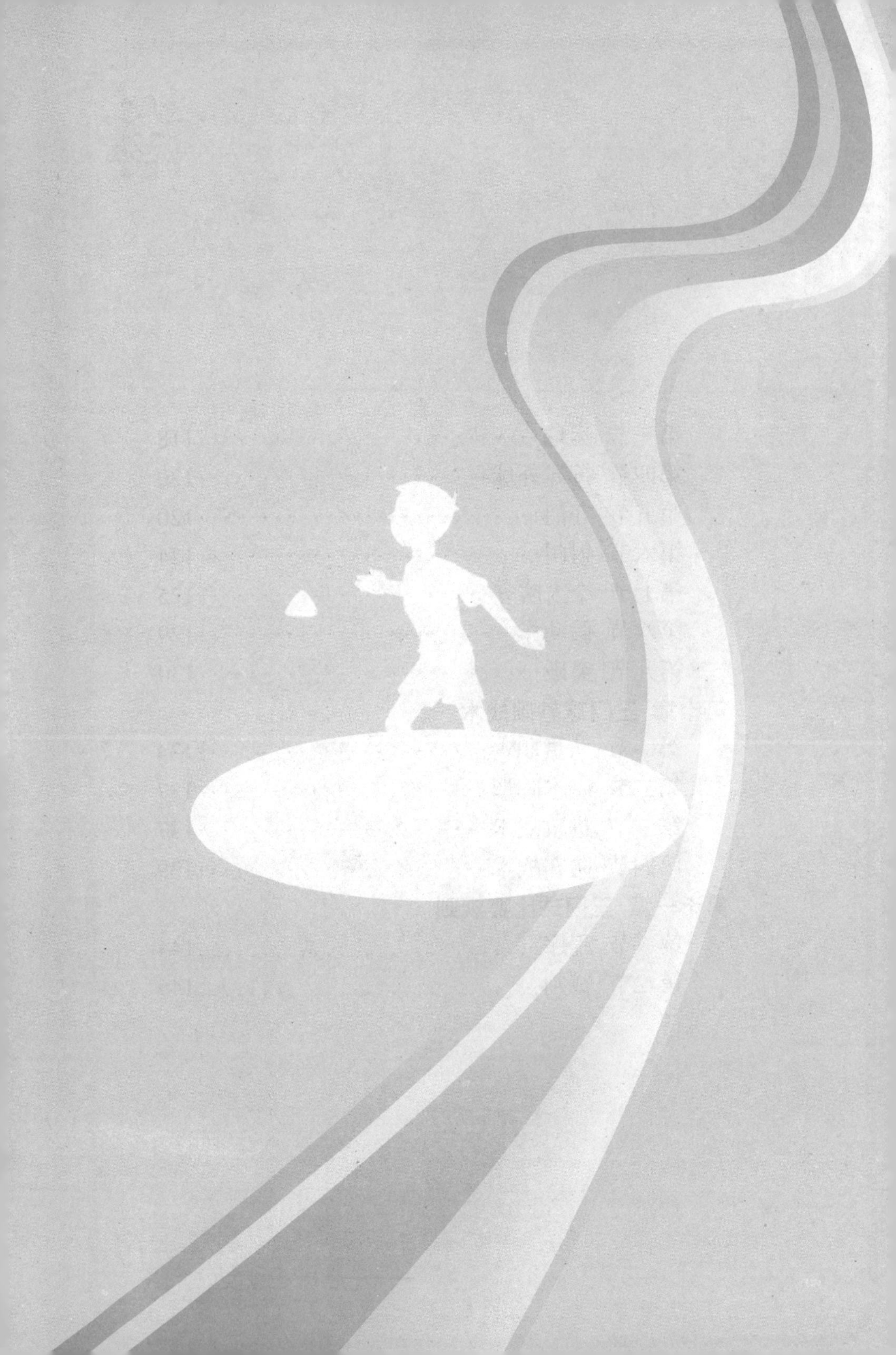

门球

第一章 运动保护

"生命在于运动",但是盲目、不科学的运动非但不能起到强身健体的作用,反而会给身体带来一定的伤害。只有掌握体育锻炼的一般性生理卫生知识,科学地进行体育锻炼,才能起到健身强体的作用。

第一节 生理卫生

青少年在进行体育运动时，除了应进行一般性的身体检查和必要的咨询外，还要注意培养运动兴趣和把握适当的运动强度。

一、培养运动兴趣

在进行运动前，必须培养自己对体育运动的兴趣。培养兴趣的方法有很多，如观看体育比赛，与同学、朋友进行体育比赛等。有了浓厚的兴趣，就能自觉地投入体育运动之中，从而达到理想的锻炼效果。

二、把握运动强度

因为青少年进行体育运动，主要是在享受运动的过程中增强体质，提高健康水平，而不仅是为了创造运动成绩，所以运动强度不宜过大。控制运动强度最简单的办法是测定运动时的脉搏。对青少年来说，运动时的脉搏控制在每分钟 140 次左右较为合适。

第二节 运动前准备

运动前进行充分的准备活动,对于青少年来说是非常重要的。一些体育运动爱好者,常常不重视运动前的准备活动,从而导致各种运动损伤,影响运动效果,也容易失去对体育运动的兴趣,甚至产生对体育运动的畏惧心理。因此,青少年在进行体育运动前,必须做好充分的准备活动。

一、准备活动的作用

运动前做好充分的准备活动能够对肌肉、内脏器官有很大的保护作用,同时还可以提前调节运动时的心理状态。

(一)提高肌肉温度,预防运动损伤

运动前进行一定强度的准备活动,不仅可以使肌肉内的代谢过程加强,温度增高,黏滞性下降,提高肌肉的收缩和舒张速度,增强肌力,同时还可以增加肌肉、韧带的弹性和伸展性,减少由于肌肉剧烈收缩而造成的运动损伤。

(二)提高内脏器官的功能水平

内脏器官的功能特点之一就是生理惰性较大,即当活动开始、肌肉发挥最大功能水平时,内脏器官并不能立刻进入

最佳活动状态。

(三)调节心理状态

青少年进行体育锻炼不仅是身体活动,而且也是心理活动。研究证明,心理活动在体育锻炼中起着非常重要的作用。体育锻炼前的准备活动,可以起到心理调节的作用,即接通各运动中枢间的神经联系,使大脑皮层处于最佳兴奋状态。

二、如何进行准备活动

一般来说,准备活动主要应考虑内容、时间和运动量等问题。

(一)内容

准备活动可分为一般准备活动和专项准备活动。一般准备活动主要是一些全身性的身体练习,如跑步、踢腿、弯腰等。一般准备活动的作用在于提高整体的代谢水平和大脑皮层的兴奋状态,减少运动损伤的发生。专项准备活动是指与所从事的体育锻炼内容相适应的动作练习。

下面介绍一套一般准备活动操,供青少年运动前使用。这套活动操主要包括头部运动、肩部运动、扩胸运动、体侧运动、体转运动、髋部运动和踢腿运动等。

1. 头部运动

头部运动的动作方法(见图1-2-1)是：

两手叉腰，两脚左右开立，做头部向前、向后、向左、向右以及绕环运动。

2. 肩部运动

肩部运动的动作方法(见图1-2-2)是：

手扶肩部，屈臂向前、向后绕环以及直臂绕环。

3. 扩胸运动

扩胸运动的动作方法(见图1-2-3)是：

屈臂向后振动及直臂向后振动。

4. 体侧运动

体侧运动的动作方法(见图1-2-4)是：

两脚左右开立，一手叉腰，另一臂上举并随上体侧屈而摆动。

5. 体转运动

体转运动的动作方法(见图1-2-5)是：

两脚左右开立，两臂前屈，身体向左、向右有节奏地扭转。

6. 髋部运动

髋部运动的动作方法(见图1-2-6)是：

两脚左右开立，两手叉腰，髋关节放松，向左、向右各做360°旋转。

7. 踢腿运动

踢腿运动的动作方法(见图1-2-7)是：

两臂上举后振，同时一腿向后半步，然后两臂下摆后振，同时向前上方踢腿。

图 1-2-1

图 1-2-2

图 1-2-3

YUNDONG BAOHU 运动保护

图 1-2-4

图 1-2-5

图 1-2-6

图 1-2-7

(二)时间和运动量

准备活动的时间和运动量随体育锻炼的内容和量而定，由于以健身为目的的体育运动量较小，因此准备活动的量也相对较小，时间也不宜过长，否则，还未进行体育锻炼身体就疲劳了。半小时的体育锻炼，准备活动时间一般以 10 分钟左右为宜。

第三节 运动后放松

进行剧烈的体育运动后，有些青少年习惯坐在地上，或是直接躺下来休息，认为这样可以快速消除疲劳。其实不然，这样做的结果不仅不能尽快地恢复身体功能，反而会对身体产生不良影响，正确的做法应该是运动后做一些整理活动，放松身体。

一、运动后整理的必要性

运动后的整理活动不但可以避免头晕等症状，还可以有效地消除疲劳。

(一)避免头晕

人体在停止运动后，如果停下来不动，或是坐下来休息，静脉血管失去了骨骼肌的节律性收缩，血液会由于受重力作用滞留在下肢静脉血管中，导致回心血量减少，心血输出量下降，造成暂时性脑缺血，出现头晕、眼前发黑等一系列症状，严重者甚至会出现休克。为了避免这些症状的发生，整理活动是非常必要的。

(二)消除疲劳

除了避免头晕等症状的发生，运动后的整理活动还可以改善血液循环状态，达到快速消除疲劳的目的。

二、放松方法

在运动后放松时，应注意以下几个问题：

(1)做一些放松跑、放松走等形式的下肢运动，促进下肢静脉血的回流，防止体育锻炼后心血输出量的过度下降；

(2)在下肢活动后进行上肢整理活动，右臂活动后做左臂的整

理活动，通过这种积极性休息，使身体机能得到尽快恢复；

（3）整理活动的量不要过大，否则整理活动又会引起新的疲劳；

（4）在进行整理活动时，应当保持心情舒畅、精神愉快的感觉。

第四节 恢复养护

人体在运动后，除采用休息和积极性体育手段加速身体功能的恢复外，还可以根据体育运动的特点，补充不同的营养物质，以尽快消除疲劳。

运动结束后，人体内会产生一种叫作乳酸的酸性物质，它的积累会造成机体的疲劳，使恢复时间延长。所以，我们在运动后，应多补充一些碱性食物，如蔬菜、水果等，而动物性蛋白等肉类食品偏"酸"，在运动后的当天可适当减少。

第二章 门球概述

门球是一项集娱乐性、健身性于一体的全民健身运动。门球运动的动作不剧烈,无人身碰撞,节奏从容,有动有静,是简便安全、老少皆宜的运动项目之一。

第一节 起源与发展

门球运动发端于 20 世纪的日本,由"槌球"运动衍生而来,而"槌球"运动起源于 13 世纪的法国。所以,门球运动既有悠久的文化底蕴,又散发着时代气息,深受人们喜爱。

一、起源

门球运动的前身"槌球"运动起源于 13 世纪的法国,随后传入英国。

17 世纪以后,"槌球"运动相继传入北美洲和欧洲南部等地,之后逐渐传到世界各地。

20 世纪 40 年代,"槌球"运动传入日本。北海道一位叫铃木和绅的人对这项运动做了改进和精简。他把球队队员改为 5 人,球门改为 3 个,场地改为长 20~25 米、宽 15~20 米,中心点设 1 个终点柱。从此时起,现代门球运动便出现了。

门球运动在日本推出后,获得许多人的喜爱和赞许。后来,此项运动又以女子高中学生及公务员为推广、奖励的对象,同样得到他们的欢迎。门球运动占地少,花费小,又可作为健身运动,因此很受欢迎。据保守估计,迄今日本已拥有 700 万的门球运动爱好者。

二、发展

中国的门球运动是从日本传入的。1983 年 5 月,日本"门球使节团"来北京访问,做了比赛表演,传授门球技艺,并赠送了门球器材。由于这项运动得到体育界人士的重视和支持,很快便得以立项,并由国家体委群体司负责开展普及工作。

20世纪80年代后期,门球运动是先在老年人群中开展。由于此项运动设施简单,打球时不抢不夺,体力消耗小,且通俗易懂,文明礼让,安全性高,时间不长就被大家所认同,参与者也越来越多了。

目前,中国门球协会以及各地方门球协会每年都要举办各种规模的门球比赛,同时各行业的比赛也常年不断举办,这些丰富多彩的赛事为门球运动的普及提供了广泛的群众基础,有力地促进了门球运动的发展。

第二节 特点与价值

门球运动既利于健身、健脑,又不太消耗体力,是一项寓娱乐性于体育锻炼之中的群众性体育运动。

一、特点

(一)集体性

门球运动是集体运动,需要球员与球员、球员与教练员之间的集体配合,才能将个人技术和球队整体的战术发挥到极致,从而获得最佳成绩。

(二)无身体对抗性

门球运动中,每名球员各有自球,他们面对的是场上的球,而不是其他球员,所以球员之间没有身体对抗。

(三)技术要求全面

门球运动对击球员没有明确的分工,参与门球运动的每名球员都必须灵活掌握门球的各种击球技术,技术越全面越好。

(四)技战术相结合

门球运动的技术复杂程度高,趣味性强。在运动中既重视个人技术的发挥,又讲究整体战术的配合,是一项技术与战术运用高度结合的运动。

二、价值

(一)锻炼思维

门球运动中的每次击球有10秒钟的时间限制,超时即视为犯规,因此需要球员迅速进行判断和决策,而且门球比赛中途没有暂停时间,教练员的战术意图要靠球员的临场发挥、随机应变来实现,这些都有助于锻炼球员的思维。

(二)强身健体

门球运动的基本活动是瞄准、击球和拾球,并伴随着快步走或慢跑,这可以使参与者全身的运动器官,特别是手、臂、腰、腿、脚及视力、听力、内脏和神经系统等都得到锻炼,起到强身健体的作用。

(三)陶冶情趣

门球是一项户外运动,场地一般远离喧嚣街市,建在公园或休闲区内,运动参与者常把它作为一项娱乐休闲活动。在明媚的阳光下,呼吸着新鲜的空气,手拿球棒挥棒打球,一切烦恼将被抛于九霄云外,从而陶冶情趣、愉悦身心。

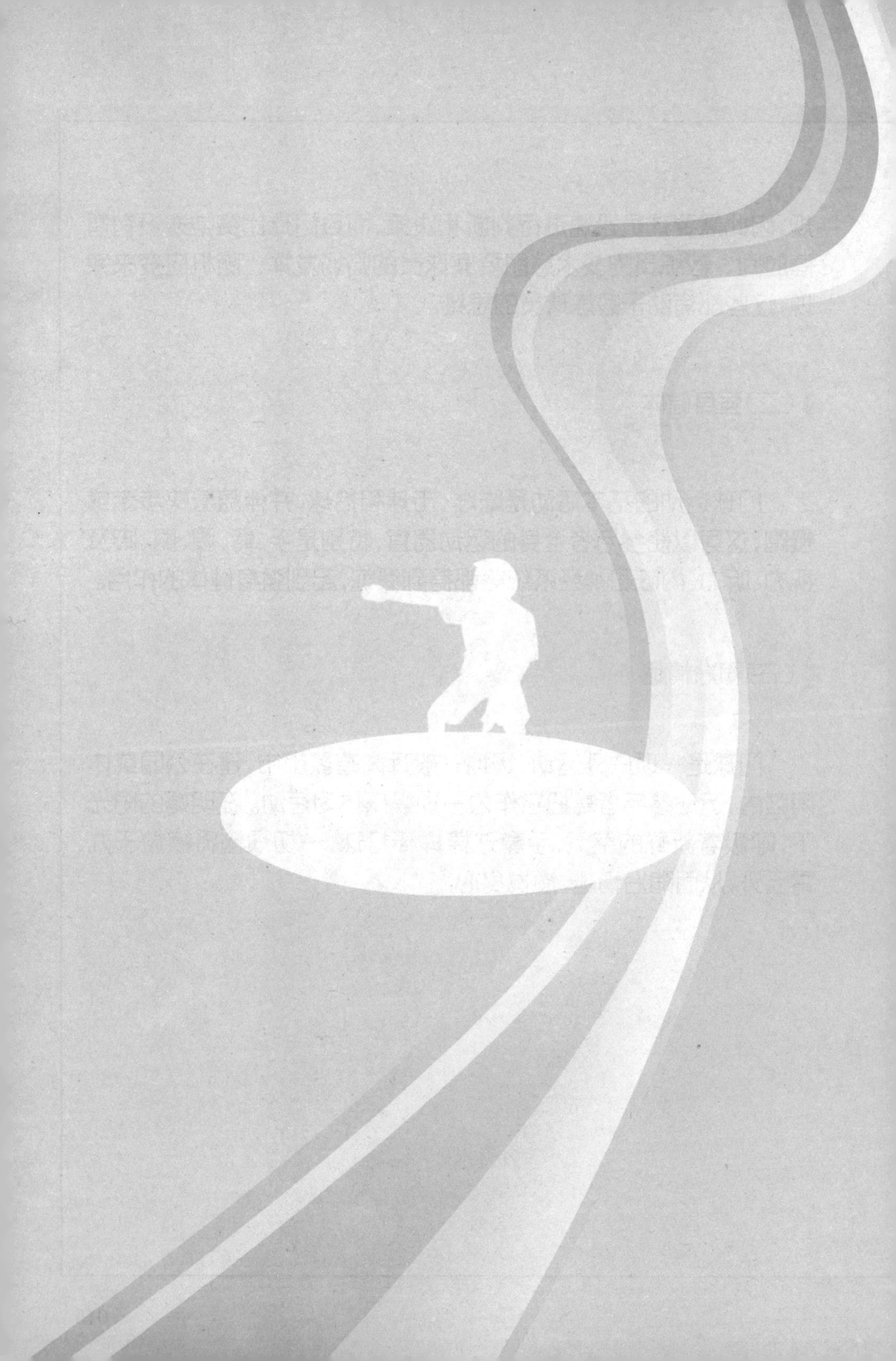

第三章 门球场地和器材

门球运动是一项普及性运动,对场地和器材要求不高。本章将对门球的场地和器材做以介绍。

第一节 场地

门球运动对场地的要求不高，可以充分利用学校的现有场地，让更多学生参加门球运动。

一、规格

门球场地的规格要求（见图 3-1-1）是：

(1) 场地呈长方形，由限制线圈定，平整且无任何障碍物；

(2) 比赛线长 20～25 米，宽 15～20 米；

(3) 限制线在比赛线外 1 米处，与比赛线平行；

(4) 比赛线宽 1～5 厘米，限制线和其他线要清晰可辨，场地的尺寸以线的外沿为准；

(5) 线的颜色与场地地面要易于识别；

(6) 比赛线构成 4 个角，自发球区开始，按逆时针方向，依次为第 1 角、第 2 角、第 3 角、第 4 角；

(7) 第 1 角和第 2 角之间的比赛线为第 1 线，第 2 角和第 3 角之间为第 2 线，第 3 角和第 4 角之间为第 3 线，第 4 角和第 1 角之间为第 4 线；

(8) 发球区是 1 个长方形，其边线由第 4 线及其限制线，以及从第 1 角向第 4 角方向的 1 米和 3 米距离处的两条垂直线组成；

(9) 自由区设在限制线外，应有足够的空间，球员、教练员、裁判员以及经过允许的人可以进入自由区；

(10)替换席设于自由区内,替换席内应为球员、教练员准备座位。

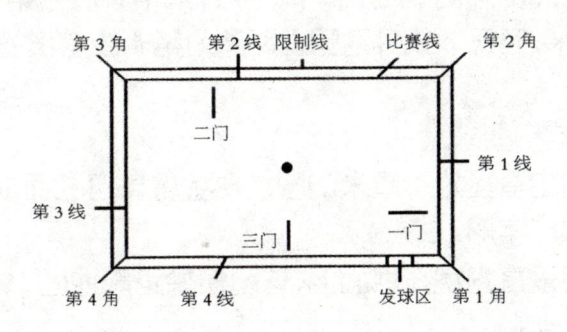

图 3-1-1

二、设施

(一)球门(见图 3-1-2)

1.组成

球门包括第一门、第二门、第三门,球门柱之间为球门线,每个球门的位置如下:

(1)第一门的球门线与第 4 线平行,与其外沿垂直距离为 4 米,其中心点与第 1 线外沿垂直距离为 2 米;

(2)第二门的球门线与第 1 线平行,其中心点与第 2 线外沿垂直距离为 2 米,与第 1 线外沿垂直距离为第 2 线全长的 3/5;

(3)第三门的球门线与第 3 线平行,其中心点与第 4 线外沿垂直距离为 2 米,与第 3 线外沿垂直距离为第 4 线全长的 1/2。

2.结构

球门的结构要求是:

(1)球门由直径为 1 厘米的圆柱形金属棒弯曲而成,有两个直角,形状为"Π"字形;

(2)球门垂直固定在地面上,球门横梁距离地面 19 厘米,球门柱内宽 22 厘米;

(3)球门的颜色与场地地面颜色要易于识别;

(4)每个球门正上方可设号码标志,规格不应超过 10 厘米×10 厘米。

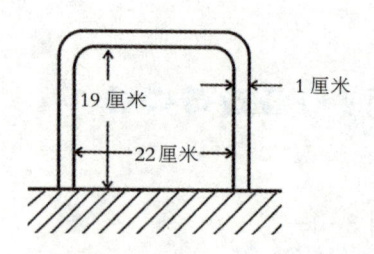

图 3-1-2

(二)终点柱

终点柱的具体要求(见图 3-1-3)是:

(1)终点柱置于场地中心;

(2)终点柱为直径 2 厘米的圆柱形金属棒,垂直立于地面且高于地面 20 厘米;

(3)终点柱的颜色与场地地面颜色要易于识别。

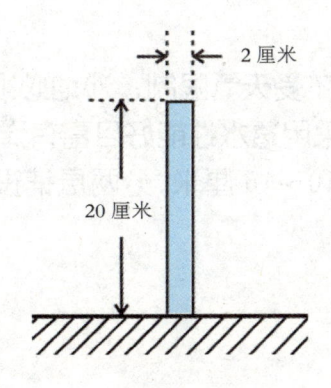

图 3-1-3

(三)附属设施

附属设施的具体要求是：
(1)记分牌应设在场地上球员和观众能看到的位置；
(2)记分牌的设置应视场地情况而定，但不能影响比赛。

三、要求

门球场地地面一般多为沙地，由基础垫层和面层构成。

(一)基础垫层

为了训练和比赛不受天气限制，沙地必须具有较好的渗透排水性能。制作垫层要采用透水性能好且富有弹性的材料，一般多使用炉渣，铺设厚度为10~15厘米，分两层铺设，粗粒在下，细粒在上。

(二)面层

面层由混合土构成，压实后的厚度为10~12厘米。

第二节 器材

门球运动的器材较为简单，每人1支球棒、1个球即可。

一、球棒

球棒的具体要求(见图 3-2-1)是：

(1)球棒由槌头和槌柄组成，呈 T 字形，重量及材质不限；

(2)槌头长 18~24 厘米，材质坚硬，原则上为圆柱形；

(3)槌头两端面为击球面，直径为 3.5~5 厘米；

(4)槌柄长 50 厘米以上，固定在槌头的中间，槌柄可以是弯曲的。

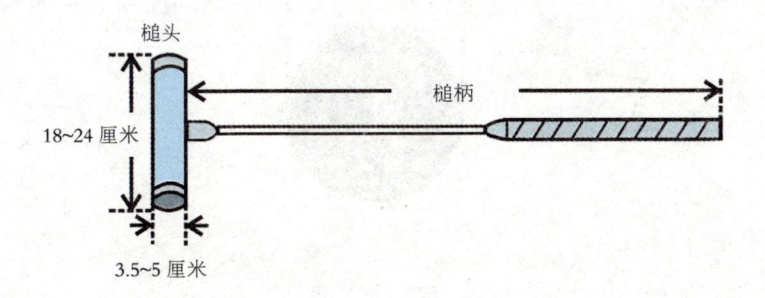

图 3-2-1

二、球

球的具体要求(见图3-2-2)是:

(1)球是由合成树脂制成的质量均匀的球体,直径为7.5厘米(±0.7厘米),重230克(±10克),表面光滑;

(2)球分红、白两色,每场比赛红球、白球各5个,共10个;

(3)红球标白色奇数号码(1、3、5、7、9),白球标红色偶数号码(2、4、6、8、10),标在球面对称的两侧。

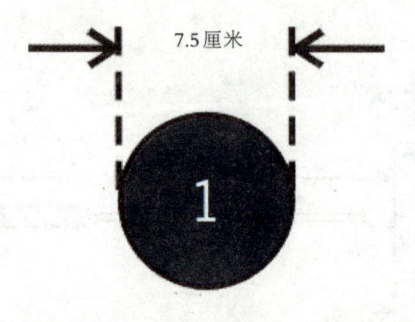

图3-2-2

第四章 门球基本技术

　　门球技术动作具有简单、朴实,易于掌握等特点,但是要想使这些动作达到随心所欲的程度,还是有一定难度的。想练好门球基本技术动作,就要学习、了解门球技术的基本原理,掌握基本动作要领,在操作中使其规范化,并随时纠正不正确的打法。

第一节 基本姿势

门球的基本姿势是击球技术的基础，需要学习和掌握，包括握棒方法和击球姿势等。

一、握棒方法

握棒方法包括纵向击球和横向侧打等。

（一）纵向击球

纵向击球的动作方法（见图4-1-1）是：

（1）左手在上，右手在下，两手虎口向下，掌心向前；

（2）右手拇指在槌柄左侧，食指可以伸直或接近伸直，贴在槌柄正后面，其余三指自然弯曲，贴在槌柄左侧，左手拇指贴在槌柄左侧，其余四指贴在槌柄右侧；

（3）一般用左手固定槌柄与地面角度，使槌头左右移动，同时也可协助右手发力，而右手则以控制击球方向和击球力量为主。

图 4-1-1

(二)横向侧打

横向侧打的动作方法(见图 4-1-2)是：
(1)左手在上,右手在下,两手掌心相对,拇指在前；
(2)右手食指可以伸直贴在槌柄右侧,其他三指贴在槌柄左侧,左手食指伸直贴在槌柄左侧,其他三指贴在槌柄右侧；
(3)一般右手以控制击球方向和击球力量为主,左手则固定槌柄与地面角度,使槌柄不左右移动。

图 4-1-2

二、击球姿势

门球的击球姿势多种多样,要求动作优美、舒展大方、击球准确性高,一般分为基本姿势和闪击姿势两类。

(一)基本姿势

1.正面击球

正面击球是指球员面对撞击的方向,正面向前挥棒击球的动

作,按姿势的不同,又分为半弓步式、半马步式和体侧正面击球等。

半弓步式

半弓步式的动作方法(见图4-1-3)是:

(1)两脚前后开立,一脚在前,一脚在后,相距20~30厘米;

(2)前脚脚尖与球平行,间隔一球距离,后脚脚尖放在前脚的中心位置;

(3)两肩放松,两臂自然垂于体前,两腿屈曲,上体前倾,整个身体姿势呈半弓步状态;

(4)击球时球在前脚内侧前方,与脚尖的平行距离大约为10厘米,向前击球。

图4-1-3

半马步式

半马步式的动作方法(见图4-1-4)是:

(1)两脚平行,与肩同宽,两肩放松,两臂自然垂于体前,两腿屈曲,上体前倾,整个身体姿势呈半马步状态;

(2)击球时,球在两脚之间的中线上,球与两脚脚尖连线的垂直距离为一个槌头左右,身体重心在两脚之间,目视瞄准线,向前击球。

图4-1-4

体侧正面击球

体侧正面击球的动作方法(见图4-1-5)是:

(1)两脚前后开立,右脚站在球左斜后方,右脚脚尖距球5~8厘米,呈右弓步站立,重心在两脚之间,身体略向右侧偏转,目视瞄准线;

(2)槌头放在右脚外侧的瞄准线上,槌头前端略超过右脚脚尖,距球5厘米左右,向前击球。

图4-1-5

2.侧面击球

侧面击球又称侧击式(侧打),即向身体的左侧或右侧击球,动作方法(见图4-1-6)是:

（1）两脚平行分开站立，与肩同宽，两肩放松，两臂自然垂于体前，两腿屈曲，上体前倾；

（2）两脚脚尖连线与击球方向线平行，球在两脚中间线偏左或偏右，目视击球方向线上方，头向侧转动进行瞄准，向左侧或右侧横向击球。

图 4-1-6

(二)闪击姿势

闪击姿势分为横向闪击和纵向闪击等。

1.横向闪击

横向闪击的动作方法(见图4-1-7)是:

(1)左脚在前,用左脚前脚掌内侧踩住2/3球体,外侧踩住另一球的1/3球体,右脚在斜后方呈右后弓步,重心在右脚(高姿势闪击球重心在两脚之间);

(2)身体与击球方向线平行,球棒的槌头在两球中心的延长线上。

图4-1-7

2.纵向闪击

纵向闪击的动作方法(见图4-1-8)是:

(1)两脚前后开立,左脚在前,左脚脚踝向内转40°左右,用左脚前脚掌踩住2/3球体,同时踩住另一球的1/3球体;

(2)身体正对球的前进方向,槌头放在两球中心的延长线上。

图 4-1-8

第二节 击球技术

击球是指用击球面击打自球,使自球移动,以达到送位、撞击、过门、撞柱等目的。击球时选择不同的瞄准点,运用不同的击球方式,施以大小不等的力量,就能出现不同的击球效果。击球技术包括击球要素和击球方法等。

一、击球要素

(一) 击球点

击球时球与槌头面相触,必然产生一个撞触点,这个点就叫击球点。

(二) 击球目标

将自球球心对准一点,以便击球后能够通过此点达到撞击、过门和撞终点柱的目的,这个点就叫击球目标。

(三) 击球瞄准线、瞄准面和槌头中心线

瞄准线是指击球目标和球之间击球员认定的直线,瞄准面是指瞄准线与地面垂直的平面,槌头中心线是指槌头中心的连线。在有目的地击球时,槌头中心线应是瞄准线通过球向槌头的延伸,通过瞄准面来达到瞄准的目的。

(四)击球方向和击出方向

槌头触球时,槌头中心线前进的方向为击球方向,击球后球实际滚动的方向为击出方向,两者并非完全一致。

(五)基础距离

球被击中的开始位置到球停止的位置,球心到球心之间的距离叫击出距离。击出距离是由球棒击球的力量所决定的,这个力量表现为槌头触球的瞬间速度。

二、击球方法

(一)平行击球

平行击球的动作方法(见图4-2-1)是:
(1)击球方向与瞄准线平行,击球点在球的正后方或偏上时,击球方向与瞄准线一致,在偏上时产生向前旋转;
(2)击球点偏左时,击出方向向右偏移,并产生顺时针方向旋转,击球点偏右时,击出方向向左偏移,并产生逆时针方向旋转。

侧视图

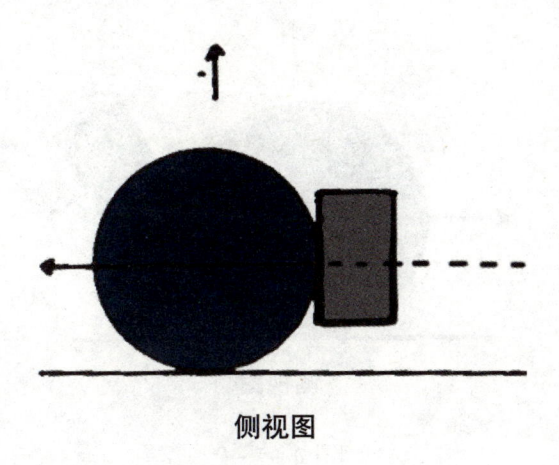

图 4-2-1

（二）上挑击球

上挑击球的动作方法（见图 4-2-2）是：

（1）槌头前端略翘起，用槌头端面下部击打自球后方的中上部，使自球产生向前旋转；

（2）击球点偏左或偏右时，击球方向向右或向左偏移，球产生向前旋转。

侧视图

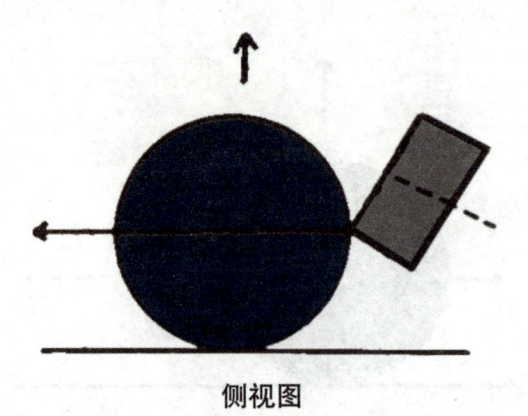

图 4-2-2

(三)下切击球

下切击球的动作方法(见图 4-2-3)是:

(1)槌头前端向下,后端翘起,与地面约成 45°角,击打自球后,由于地面的弹性,自球产生跳跃;

(2)击球点在正后方偏下时,击出方向与瞄准线一致并产生向后旋转,击球点偏上而使击球方向在球的上方时,击出方向不变,但产生向前旋转,击球点偏左或偏右时,击出方向向右或向左偏移,并产生向后旋转。

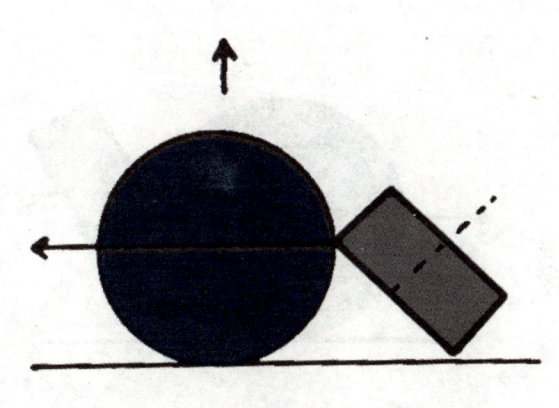

侧视图

图 4-2-3

(四)左斜击球

左斜击球的动作方法(见图 4-2-4)是:

击球方向向左前方,击球点在正后方或偏上时,击出方向与瞄准线一致,并产生逆时针方向旋转,击球点偏右时,击出方向向左偏移。

俯视图

图 4-2-4

(五)右斜击球

右斜击球的动作方法(见图 4-2-5)是:

击球方向向右前方,击球点在正后方或偏上时,击出方向与瞄准线一致,并产生顺时针方向旋转,击球点偏左时,击出方向向右偏移。

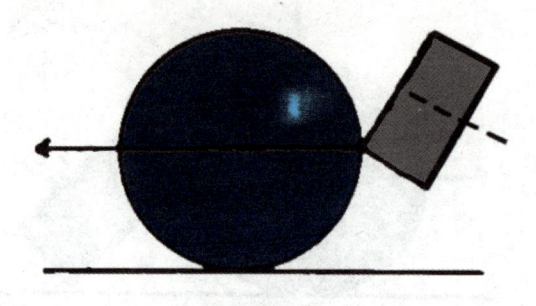

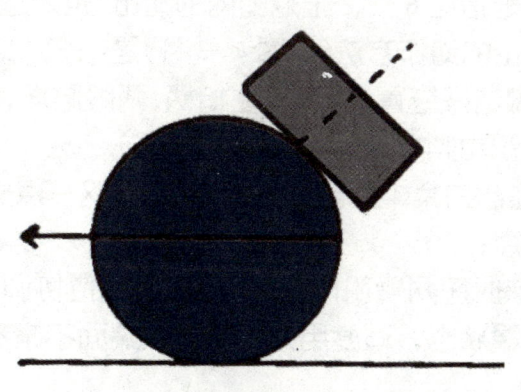

侧视图

图 4-2-5

第三节 撞击技术

撞击亦称"撞击球",是指用槌头的端面部分击打自球以碰撞他球(包括自方球和对方球)的打法。撞击技术按撞击部位可分为正撞、擦边球、擦顶球和跟球等。

一、正撞

正撞即正面撞击,分为近、中、远距离撞击。近距离正撞是指在

3～4米范围内的撞击,中距离正撞是指在4～8米范围内的撞击,远距离正撞是指在8～12米范围内的撞击,距离越远,击球力量越大。正面撞击的动作方法(见图4-3-1)是:

(1)两脚站好位置,两手握住槌柄,两眼瞄准,使击球目标、自球、槌头和槌尾的中心在一条直线上;

(2)把注意力集中到自球的击球点上,这一点必须是自球重心水平面的端点;

(3)击球时应两臂肌肉放松,身体各部位协调配合,保持槌头和槌尾的平稳状态,适度用力,使槌头端面不偏不倚地击中击球点;

(4)注意击球时不能推球、连击或用槌头端面以外的部位击球。

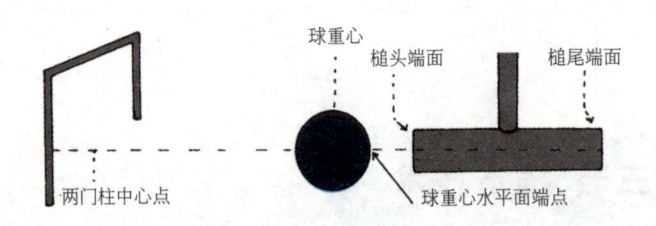

图4-3-1

二、擦边球

擦边球是指瞄准点不在他球中心的撞击球。

(一)基本打法

打擦边球关键要掌握好 3 点,即击球点、瞄准点和落球点,动作方法是:

(1)击球时沿瞄准线方向发力,宜平打,切忌甩,确保击球点正确;

(2)根据两球距离和预定到达位置来选择瞄准点;

(3)在击球点正确、瞄准点精确的前提下,击球力度决定落球点。

(二)瞄准方法

1. 球边对球边法(见图 4-3-2)

球边对球边法也称对角线法,即用自球边对准他球边。这种瞄准法擦边很小(近似直线),适用于远距离击袭,距他球距离在 50 厘米之内效果极佳。

图 4-3-2

2.中心对边法(见图4-3-3)

中心对边法也称打半球,即用自球中心瞄准他球边。这种瞄准法擦边较大,是打角度双杆球、调位球的主要方法,自、他球距离2米左右时运用此法效果较好。

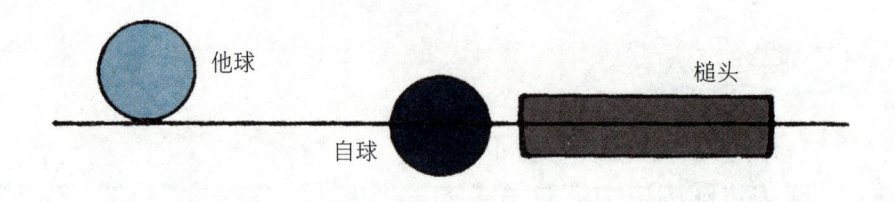

图4-3-3

3.槌边对球边法(见图4-3-4)

槌边对球边法即槌头中心对准自球中心,槌头边对准他球边。这种瞄准方法有较长的槌边作瞄准线,有明显的球边作瞄准点,便于瞄准,实用性强。

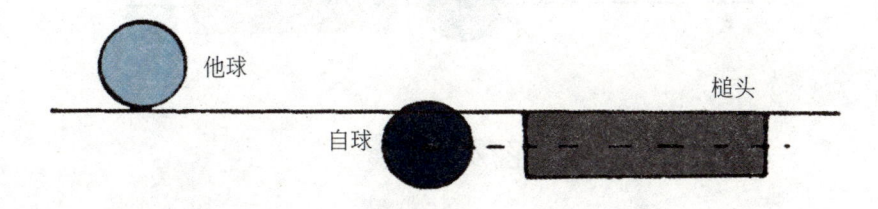

图 4-3-4

4.参考点法(见图 4-3-5)

参考点法是指在他球侧表面附近地面上找一个点(沙砾、鞋印或其他参照物),将槌头中心对准自球后部中心和地面上的点,使三点在一条直线上(同撞击球瞄准)。这种打法瞄准容易,擦边效果好,自、他球距离在 2 米时能打出多种角度的擦边球。

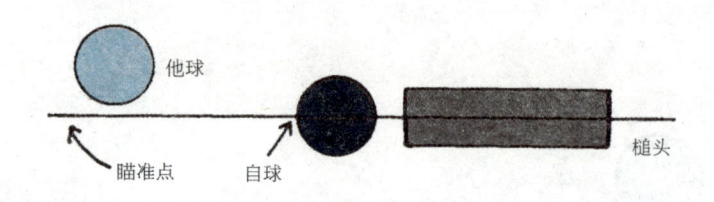

图 4-3-5

5.瞄正摆尾法

瞄准时和撞击球一样正瞄，然后将槌尾向目标的反方向略偏移一点。击球时击在自球后部中心点，根据自球预定到达的位置，施以适当力度，即能打出较理想的擦边球。

三、擦顶球

擦顶球是指槌头击打自球，利用地面的反弹力，使自球跳起来撞击他球顶部而过，落地之后继续直线前进，从而使自球到达预定

的目标处,进行攻击对方球的一种特殊技术。擦顶球的动作方法(见图4-3-6)是:

(1)面向正前方,两脚分开站立,略比肩宽,骑在球中间,球的位置与脚后跟部平行,身体前倾;

(2)两手握槌柄的中下部距离槌头较近处,槌头端面向下对准拟击之球,槌柄上端前倾(槌尾向上斜);

(3)瞄准时,使自球的上端与槌头端面的中心呈一条垂直线,挥棒击球,使球杆向后斜上方提起,目视自球应击打的部位,同时用余光看被擦顶的他球;

(4)身体重心略向前移,并快速用力击打自球重心水平面与球重心垂直线的中间部位,使球跳起擦过他球的顶部,滚向前方的目标。

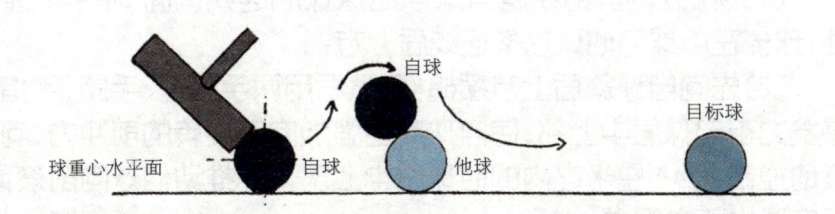

图 4-3-6

四、跟球

跟球是指自球撞击他球后，自球、他球同时在一条直线上同步向前滚动。其作用在于使自球滚进球门，打成过门双杆球，或使自球滚动到有利位置上。

(一)跟球条件

自球与他球距离 30～40 厘米为宜，场地要有一定的硬度，击球员应具有稳定的心理状态和过硬的击球技术。

(二)跟球打法

跟球打法的动作方法是：
(1)两脚开立，站在距自球与他球球心连线侧面 30～40 厘米处，球棒在自球与他球这条连线后上方；
(2)先向自球斜后上方摆槌柄，然后用两手前臂、手腕、手指的爆发力击自球后中上部，使自球产生强烈向前旋转的前冲力，向前滚动撞击在 40 厘米之内的他球后中上部，并推动他球向前滚动，而自球也随之跟进。

第四节 闪击技术

闪击是指自球撞击他球后，自球和他球均停留在比赛线内，自

球方能获得闪击的权利。闪击技术是指通过击打踩在脚下的自球的冲击力,使他球移动的动作。闪击技术的基本动作包括拿、放、踩、指、瞄准和挥杆等 6 个环节。

一、拿

拿的动作方法(见图 4-4-1)是:

待撞击的两球均停稳后,击球员迅速拿起被撞击球,快步走向自球。

图 4-4-1

二、放

放的动作方法(见图 4-4-2)是:

(1)将他球放置于脚下,并将两球靠紧;

(2)以脚趾关节窝部控制两球向下扣压,尽可能减轻倾斜向前的挤压力;

(3)踩球要稳固,重踩自球,轻踩他球。

图 4-4-2

三、踩

踩球是闪击技术的关键环节，要点是要有利于瞄准和出杆闪击，动作方法是：

（1）踩球部位要得当，一般应把自、他两球踩在前脚脚掌下，并适当靠向脚尖，使脚尖与球边持平或略前出，不宜踩在脚心之下；

（2）踩球的脚在定位时，脚的中心线一般要与目标方向线垂直，即直角踩球；

（3）纵向击打式则不能直角踩球，而应以一定角度踩球，踩球时如遇障碍，要根据情况调整踩球角度。

四、指

指的动作方法（见图4-4-3）是：

击球员应侧向站位，与闪击方向成90°角，然后明确指示方向（闪击自球可不指示方向）。

图4-4-3

五、瞄准

瞄准是指在自球与击球目标之间已存在中心点连线的条件下，通过目测把他球球心点调整到自球与击球目标的中心点连线上，基本动作方法（见图4-4-4）是：

（1）自球、击球目标和他球的中心点保持一直线，调整他球位置时，应微调并反复校正；

（2）为提高瞄准精确度，可选择一些辅助方法，例如，可在目标方向线靠近自球处的地面上选择一个或多个小标志物（大沙砾、草屑、印痕等）作为校正瞄准线的参照物；

（3）如果槌头参与瞄准，则要再加上槌头端面和槌尾端面的两个中心点，变为五点呈一直线。

图4-4-4

六、挥杆

挥杆是闪击最关键的技术环节,动作方法是:

(1)摆动时,槌头中心线要与击球方向线一致;

(2)击球时,击打在自球后部中心点上,若击球方位不正,则易将球击偏。

第五节 双杆球

门球比赛规则规定,球员击球时自球本身同时撞击两个他球,或自球过二、三门前,先撞击一个他球,又过了球门,或自球通过球门之后又撞击他球,均可获得两次续击权,我们将这种具有两次续击权的球称为双杆球。

一、门前双杆球

门前双杆球即撞球后过门,此打法要求角度合适,距离适当,具有一定的难度,可通过侧撞分球、擦顶球和跟球等方法来实现。

(一)利用侧撞分球实现双杆球

如击球员的自球是①号球,可选取适当的瞄准点,形成大于120°角的正撞球,即可打成撞击⑨号球后反弹而过门的双杆球(见图4-5-1)。

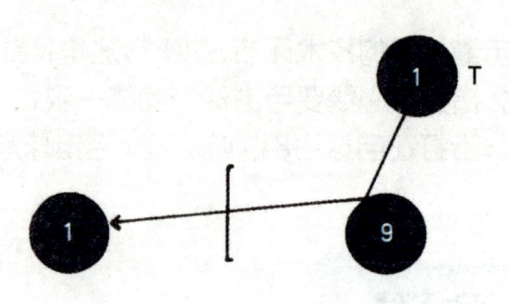

图 4-5-1

(二)利用擦顶球实现双杆球

如击球员的自球是③号球,可用打擦顶球的方法实现双杆球。若①号球未过门,击球员可用擦顶式跟球的打法使①、③号球均过门实现双杆球(见图4-5-2)。

图 4-5-2

(三)利用跟球实现双杆球

如③号球在球门前 2 米以内,①号球落于球门前 10 厘米以内,且①、③号球与球门中心点在同一直线上,击球员可运用打跟球的方法,使①、③号球均过门,实现门前双杆球(见图 4-5-3)。

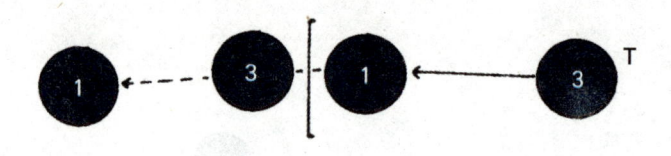

图 4-5-3

二、门后双杆球

门后双杆球即过门后撞球,是使用最多、效果最好、成功率最高的实现双杆球的方法。

(一)门后直线双杆球

在球门后打双杆球,造杆球距球门越近,越能摆在主打球过门的射线上,成功率较高。若造杆球距球门较远,送位就很难精确,一般不易摆得恰到好处,这时就应向距球门略远处送位,因为主打球过门后撞击幅度呈扇形(见图 4-5-4)。

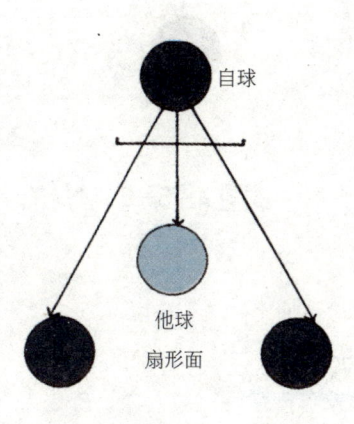

自球

他球
扇形面

图 4-5-4

(二)留球双杆球

留球双杆球易摆正,成功率高。例如,①号球撞击③号球后,教练员可指令将③号球留门前,①号球过门后给③号球摆双杆球。这时①号球闪送③号球到门前 1 米左右并且是在进门的中心线上,①号球过门后,再击到门后③号球进门的中心线上(见图 4-5-5)。

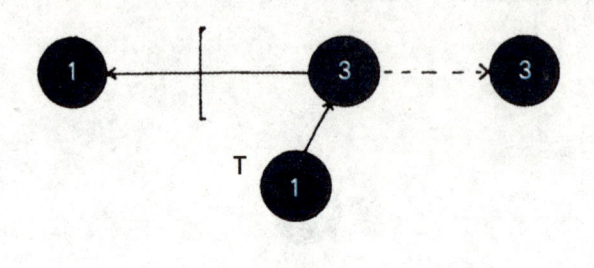

图 4-5-5

（三）撞碰过门自打双杆球

撞碰过门自打双杆球是指利用撞顶技术自造自打双杆球，这种球机会较多，容易实现。例如，在球门前有 3 个球，基本在一条直线上，③号球撞击⑤号球，使⑤号球将①号球顶过球门（或适当位置），闪送⑤号球后，③号球过门撞击①号球实现双杆球（见图4-5-6）。

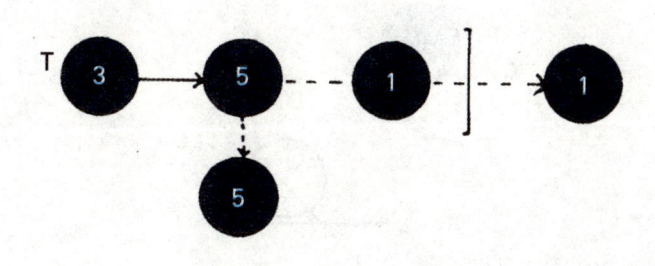

图 4-5-6

(四)撞门柱折射双杆球

撞门柱折射双杆球是指当球门前后的两个球因球门柱的阻挡难以过门直接撞击时,击球员可击自球斜角度撞球门柱,经门柱反弹改变方向,从而实现双杆球。

例如,设 A 为自球,B 为门柱,C 为门后他球,在 BC 连线上选 M 点(距 B 点略小于球的半径),M 点即为瞄准点。击打自球中心通过 M 点,A 球即撞门柱反弹滚向 C 球,实现双杆球(见图 4-5-7)。

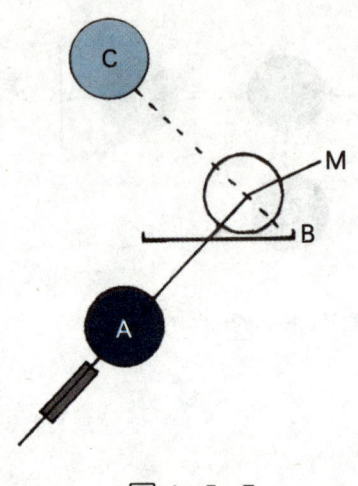

图 4-5-7

三、连撞两球双杆球

连撞两球双杆球是指利用一次击球机会，使自球连续撞击两个他球。这种双杆球在场内任何区域都可以造打，用途广，机会多，容易实现。

(一) 角度双杆球

角度双杆球的实现条件是，主打球与被撞击的其他两球之间呈锐角,且角度要合适,距离不能太远,即"小角度、近距离"。

例如,①、③、⑤号球间距 1.5 米之内,①号球直接撞击⑤号球,给③号球摆双杆球。只要①号球闪送⑤号球到"小角度、近距离"处($\alpha \leq 30°$,$s \leq 30$ 厘米),①号球略加调位,双杆球即摆好(如图 4-5-8)。

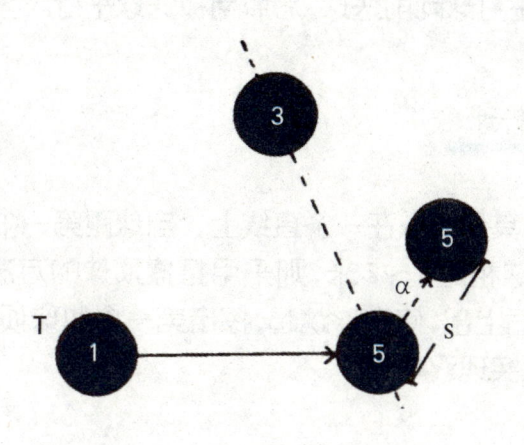

图 4-5-8

(二)眼镜双杆球

当被撞击的两球距离不超过15厘米,与自球成直角时,可以实现眼镜双杆球。这种双杆球容易造,击打成功率高,摆造方法类似角度双杆球,不同处仅在于造杆球以"小角度、近距离"闪送他球后,自球对着主打球向前送球,落点与被送球平行。

(三)擦顶双杆球

如自球与其他两球在一条直线上,自球距第一个他球20~25厘米,两个他球相距1~2米,则采用打擦顶球的方法可实现双杆球,压打自球后上部,使自球跳起,擦击第一个他球顶部而过,再撞击第二个他球实现双杆球。

(四)跟进双杆球

自球距第一个他球1米左右,两个他球距离较近(不超过20厘米)且角度很小,可采用挑打使自球加速旋转前进,当自球撞击第一个他球后仍能继续向前滚动,可碰撞第二个他球实现双杆球。

(五)运用撞、碰、闪、调技术自造自打实现双杆球

在实战中经常出现集中四个球而打不成双杆球的现象,失去

极好机会。此时,若能抓住机会,运用好撞、碰、闪、调技术,就会打成双杆球。

例如,①号球撞击②号球调位,闪出②号球后,再撞击⑤、⑦号球实现双杆球。若调位后仍没有形成双杆球条件,还可用②号球闪撞⑤号球,使⑤号球移位到合适位置,①号球再撞击⑤、⑦号球实现双杆球(见图4-5-9)。

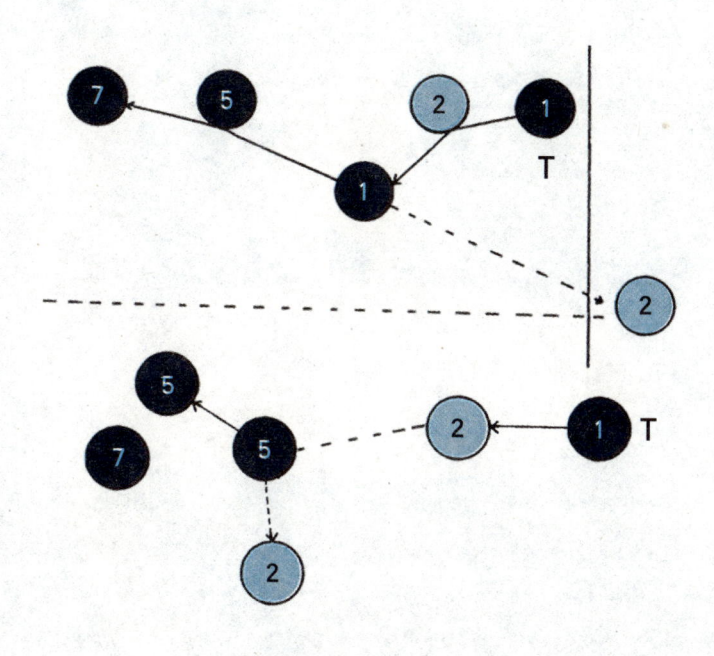

图4-5-9

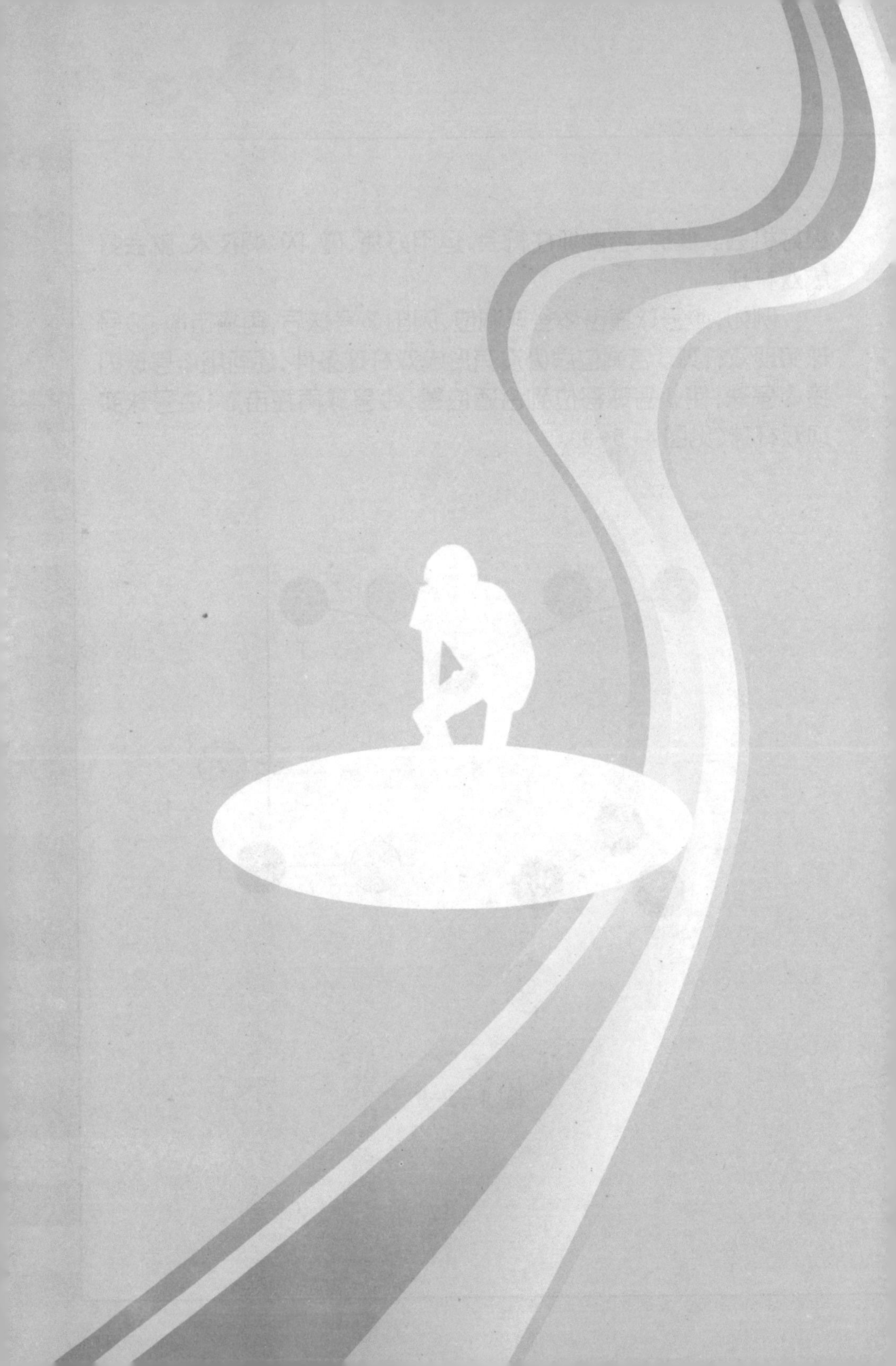

第五章 门球基础战术

　　门球战术是指正确地组织、调动本队队员的力量，合理地运用击球顺序的关系，破坏对方的整体配合，从而控制比赛局势发展。战术运用的成功与否，对取得比赛胜利尤为重要。

第一节 战术原则

门球战术具有多样性和多变性特点。门球战术原则是指在制订和运用战术时所应依据的准则。

一、实事求是

一切从实际出发、求真务实是制订和运用门球战术的基本出发点。只有根据场上局势、双方技战术水平及场地的实际情况，因人、因地、因时制宜，才能制订和运用好战术。

二、服从全局

制订门球战术，必须服务战略的需要，从全局出发，统筹组合运用各种技术，制订攻防战略，绝不能因小失大，即便是突出重点战术，也要服从全局、服从整体。

三、保存自己

只有保存自己，才能攻击对方，并进而战胜对方。只有场内球才有攻击力。自球只要被打出界或自杀出界，就失去直接攻击对方的能力。而凡是场内的球都不会绝对安全，仅为相对安全。因此，在技术组合、战术组合中首先要考虑的是保存自己，安全第一。

四、密切配合

门球比赛是群体对抗，决定胜负要靠整体实力，只有密切配合，协同作战，才能赢得胜利。教练员与球员之间、球员与球员之间的默契配合是制胜之道。

五、攻防兼顾

正确处理攻防关系是门球战术的核心内容，也是比赛胜败的关键。要树立进攻第一的思想，只有以攻为主，才能打垮对手。以攻为主，以防为辅，攻中有防，防中有攻，以攻为守，防中待攻，这就是门球攻防的辩证法。

第二节 一门战术

一门战术有两层含义，一是利用球过一门的机会，制造两次续击球；二是储存力量，在条件不利时，放弃一门，在下一轮球过门后，占据二门，为破坏对方在二门周围的球做准备。

一、有意制造一门两次击球

一般采用的方法是：第一轮当①号球过一门后，②号球不过一门，待⑩号球过一门后，给②号球摆到一门后充当靶球。与此同理，凡上位球过门后，只要中间没有对方球时，都可以在下一轮为下位没有过一门的自方球充当靶球或接应球。所以，

有时根据场上形势的需要,相邻两个球暂时应放弃过一门的机会,为下一轮打两次续击球做准备。

二、利用时机,形成一门两次续击球

如果有没过一门的球,对方的挨号上位球又没在一门后靶位区,自方的临近上位球就可以来到靶位区,充当靶球。将自球打到靶位区,或由他球闪送友球到靶位区。一门两次续击打不成时,还可以拿靶球作桥,擦向二门,也可起到两次续击球的作用。

第三节 过一门后战术

过一门以后,比赛更加激烈,因此过一门后战术的掌握至关重要,影响到以后比赛的战术决策。

一、进一守二球战术

❶球过第一门后,二门前无他队球守门,这时的续击球应打到第二门前0.5~1米处,这个位置既能顺利过二门,又可避免对方攻击,还会使对方球不敢接近二门(见图5-3-1)。

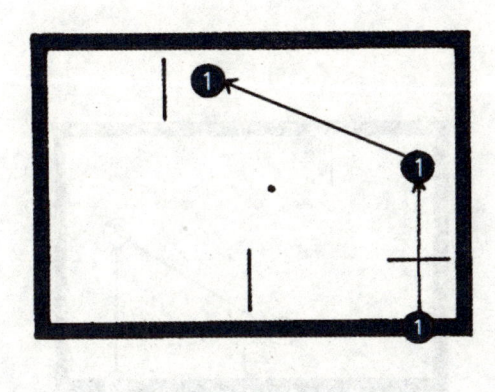

图 5-3-1

二、进一守三球战术

②号球过一门后,二门前有他队球守门,这时的续击球应打到第三门前。这是因为二门前已有❼号球守候,②号球不易过门,而❼号球过二门后,一定会打到第三门前,现在有②号球守三门,❼号球自然不敢靠近三门(见图 5-3-2)。

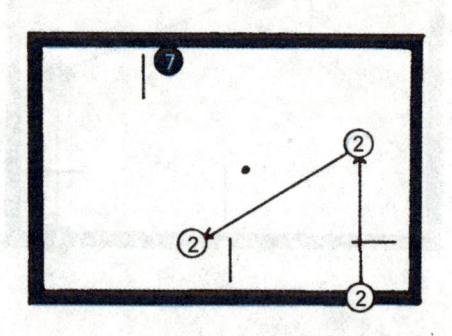

图 5-3-2

三、大斜门战术

二门前有他队⑧、⑩号球，❼号球可打大斜门，过一门，靠近二门并距边线1~2米，再续击球时可撞击⑧号球或⑩号球过二门。这种大斜门球战术具有长距离过门、直线运动等优点（见图5-3-3）。

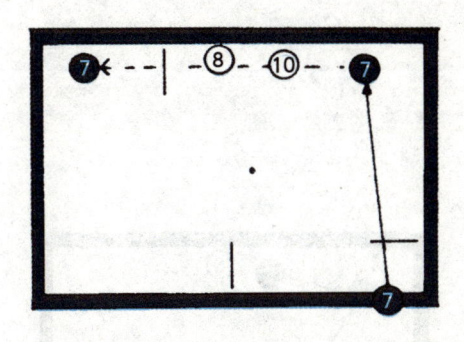

图 5-3-3

第四节 过二门后战术

过了二门的球就进入了战略的腹地,进可攻三门,退则可守二门,是双方必争的关键之处。

一、守三门球战术

(一)死守方法

二门❼号球不易撞击他队⑧号球,也无法再守二门时,应直接

去守三门，停位最好在距边线 1 米处左右和距球门 1~2 米处（见图 5-4-1）。

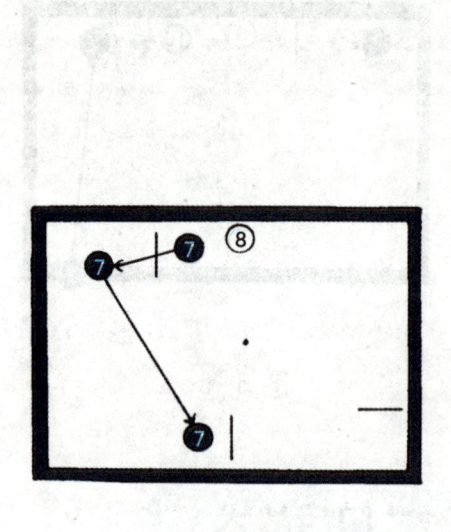

图 5-4-1

（二）活守方法

❸号球过二门后，找在三线附近的本队❺号球结组活守三门。❺号球擦❸号球边，撞击他队⑥号球，并闪击⑥号球出界，使❺号球守在三门处（见图 5-4-2）。

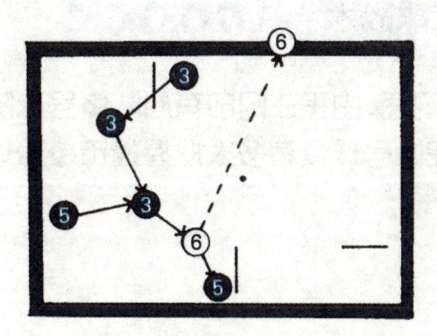

图 5-4-2

二、回防二门球战术

❶号球过二门后,可返回二门靠边线处守二门,以阻碍他队②号球或对方其他球顺利通过(见图 5-4-3)。

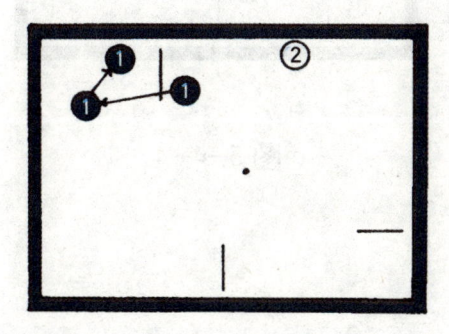

图 5-4-3

三、边线球战术

⑩号球过二门后,由于三门前有他队❺号球防守,他队❾号球又在场中埋伏,在⑩号球没有多大把握撞击❾号球时,应打到四角边线附近(见图5-4-4)。

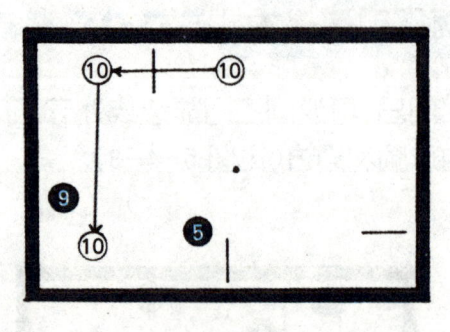

图5-4-4

第五节 过三门后战术

球被击过三门后,紧接着就可以撞击终点柱了,越是接近胜利的目标,争夺越加激烈。一般说,通过三门后的球最好接应一下队友,在离终场前6分钟时准备好撞击终点柱。

一、接力配合战术

⑥号球过三门后,就不要靠近终点柱,因为有对方❾号球埋伏,守三门也不合适,因为对方❼号球闪送❸号球到门前后,亦可形成威胁。这时⑥号球最好打到本队②号球前,既可为②号球接力,又能受到保护(见图5-5-1)。

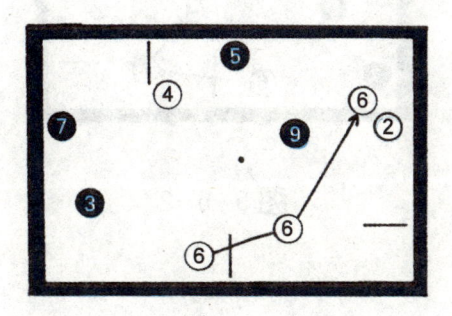

图5-5-1

二、最后一击夺标战术

⑥号球已过三门,但比赛时间仅剩1分钟,⑥号球又仅有一次击球机会,这时⑥号球应撞击④号球,并闪送其夺标,然后自行撞柱,如撞柱无把握,可停止在⑧号球前,待⑧号球闪送其夺标(见图5-5-2)。

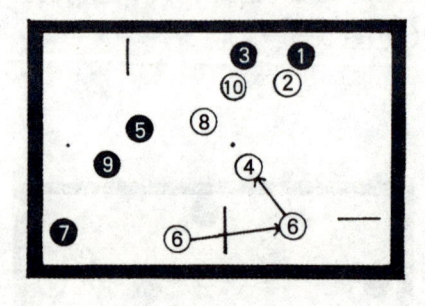

图5-5-2

三、先击球后夺标战术

对方⑧号球距终点柱较近,己方⑦号球较远,这时轮到己队的界外⑤号球击打,那么它应停在⑦号球前做接力。轮到⑦号球击打时,它可撞击⑤号球,然后再撞击⑧号球,并将⑧号球闪送出界,从而制胜(见图5-5-3)。

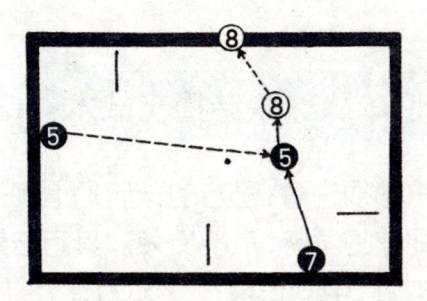

图 5-5-3

第六节 撞击终点柱战术

按照门球比赛的程序，过三门后即可撞击终点柱，如何使球顺利撞击终点柱，正是要通过战术解决的问题。

一、王牌球闪送撞柱战术

当对方5个球都被自球闪送出界时，自球就成了王牌球。自球续击收杆时，可直接将自球击到终点柱附近，己方该撞柱的球均可靠向终点柱，等下一轮开始时，由已在终点柱附近的王牌球闪送其撞柱。

二、上下位本队球联结撞击战术

运用这种打法必须注意，己方的球应是上下位挨号球的联结，并且没有对方中间球的威胁，方能奏效。其方法是，由上位球闪送下位球到终点柱附近，中间仅隔一个对方球，然后让下位球撞柱。如果上位球也是该撞柱球，则可一起到终点柱附近，由下位球先闪送上位球撞柱，然后自己撞柱。

三、放弃击球权让给本队后位球撞柱战术

当比赛时间即将结束，且比分仅差1~2分，己方又有可以撞柱的球，这时不得分的球应抢先放弃击球权，把时间腾出来，让给可以撞柱的球撞柱得分。

第六章 门球比赛规则

门球比赛是普及门球运动的一种很好的形式，掌握门球的比赛程序和裁判方法将有助于球员技战术水平的发挥，从而游刃有余地参加比赛。

第一节 程序

门球运动在长期的发展过程中已经形成了一套完整的比赛程序。

一、比赛方式

（1）比赛在两队之间进行，每队各 5 人；
（2）比赛由先攻方的第一名球员开球，然后两队按各自的击球顺序交替进行，直到比赛结束；
（3）比赛时间为 30 分钟。

二、比赛方法

（一）比赛开始

比赛在主裁判员喊出"比赛开始"后开始。比赛开始时，参加比赛的球员在开球区后从 1 到 10 依次排列，轮流击球（图 6-1-1）。

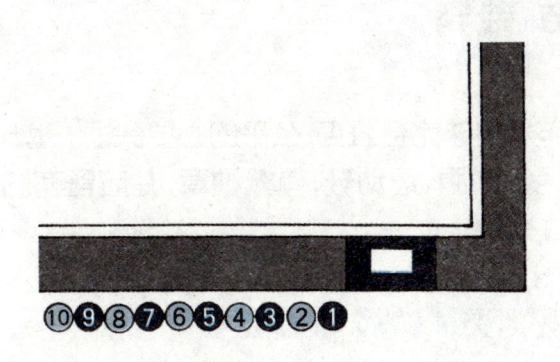

图 6-1-1

(二)比赛结束

(1)比赛在主裁判员喊出"比赛结束"时结束；

(2)如果 30 分钟比赛时间到，而比赛还在进行，应遵循以下方式结束比赛：

①如先攻方球员正在击球，则须等到下一号的后攻方球员完成击球后比赛结束；

②如后攻方球员正在击球，则在其完成击球后比赛结束。

第二节 裁判

裁判工作是门球比赛公正、公平的必要保证。裁判员应穿着统一式样的白色裁判服、运动鞋，佩戴袖章，并应备有白色的遮阳帽和手套等。

一、裁判员

裁判人员包括 1 名主裁判员、1 名副裁判员、1 名记录员和视需要而设的司线员。

二、规则

（一）击球顺序和球

击球顺序是从 1 号到 10 号。球员每人 1 球，且球号与球员击球顺序一致。先攻方使用红球，后攻方使用白球。

（二）球员替换

（1）被替换下场的球员不能再次上场参加该场比赛；
（2）教练员或队长应在比赛开始前或呼号前通知裁判员进行

球员替换；

（3）不得替换击球员；

（4）如果已替换下场的球员又重新上场比赛，或替补球员未办理替换手续而上场比赛，比赛无效。

（三）缺员比赛

（1）比赛期间，球队因故出现缺员时，比赛可以继续进行，但教练员或队长须报告裁判员；

（2）缺员比赛，该号球保持原状，其他球员使其得分有效。

（四）10秒计时限制

（1）每次击球所用时间不得超过10秒，超过10秒为逾时犯规；

（2）10秒计时开始包括：

①裁判员第一次呼号时；

②通过球门、撞击、闪击、续击等，待场内的球静止时；

③裁判员宣布他球出界或满分后尚有续击权时。

三、胜负判定

（一）得分和成绩

1.得分

通过一门，得1分；通过二门，再得1分，共计2分；通过三门，

再得1分,共计3分;撞柱,再得2分,共计5分。

2.成绩

比赛结束,各队每名球员所得分值相加为该队总分,总分高者胜出。

(二)得分相等

两队得分相等时,按以下顺序根据得分情况判定胜负:
(1)撞柱多的队获胜;
(2)当撞柱数相等时,通过三门多的队获胜;
(3)当撞柱数和通过三门数都相等时,通过二门多的队获胜。

(三)全队满分

某队得25分为全队满分,并按以下方法判定胜负:
(1)当先攻方率先获得25分,待下一号的后攻方球员完成击球后,比赛即告结束,并判定胜负;
(2)由于先攻方球员击球造成后攻方率先获得满分,待该球员完成击球后,比赛结束,并判定胜负;
(3)由于后攻方球员击球造成先攻方率先获得满分,待该球员完成击球后,比赛结束,并判定胜负;
(4)当后攻方率先获得满分,比赛结束,并判定胜负。

四、犯规

(一)击球犯规

下列情况视为击球犯规：
(1)用槌头以外的部分击打球；
(2)两次击打。

(二)闪击犯规

下列情况视为闪击犯规：
(1)闪击后，他球离自球未超过 10 厘米；
(2)闪击时，击打在击球球员踏球的脚上或土块、石块上，因间接触动自球而使他球移动；
(3)闪击时，踏踩自球或抬脚离开自球，使自球移动；
(4)闪击时，自球离开踏踩的脚下。

(三)界外球击球犯规

下列情况视为界外球击球犯规：
(1)自球碰撞他球；
(2)自球碰撞石块，该石块使他球移动；

（3）自球碰撞裁判员后碰撞他球；
（4）自球击入场后出界；
（5）自球碰撞球门或终点柱，间接造成他球移动。

三门球

第七章 三门球概述

　　三门球运动是手球运动的变体——三个队同在一个设置有三个等距离球门的圆形场地上用手打球，是一项具有攻二防二独特竞赛体系的新型球类运动。在规定时间内，三方球员在场地上展开激烈角逐，最后根据进球多少决定胜负。

第一节 起源与发展

三门球是一项新兴的体育运动项目,起源于我国的江苏省,目前正在全国各地蓬勃开展。

一、起源

1997年,江苏省海安县学生体育协会针对农村学校体育场地、运动器材等问题,计划整合体育资源,对教学大纲和教材进行游戏化、综合化修订。在这个过程中,几名教学经验丰富的教师产生了创造新型球类游戏的想法,试图将手球运动改造为一种多方攻防的体育项目——三门球。

到1997年底,三门球运动的雏形和框架基本形成,并于1998年1月和7月先后通过了省、市级鉴定,其器材也获得了国家专利。

二、发展

1999年伊始,江苏省教委以及南通市、无锡市教委先后举办多次三门球培训班、竞赛和研讨活动。

1999年4月,《三门球运动游戏教程》由人民体育出版社出版。随后,这一适合广大学校和青少年的球类运动在全国各地得到宣传推广。

1999年10月，在教育部、国家体育总局、卫生部、团中央共同召开的全国学校体育卫生经验交流会上，三门球运动作为学校体育改革的成果之一，得到来自全国各省、市、自治区领导和专家的肯定。此后，这项运动的推广普及工作步入了快车道。

　　2000年7月，三门球正式列入江苏省体育新大纲和新教材，并于9月1日起在全省中小学全面施行。

　　2000年12月，由江苏省中学生体育协会主办的江苏省首届中学生三门球比赛在三门球运动发源地海安县举行。

　　2001年1月16日，江苏电视台策划了专题节目，再次向广大观众推介三门球运动，为该项运动的发展起到了推波助澜的作用。

　　2004年3月，二十一世纪中国学校体育发展研究中心和江苏省三门球运动协会，联合举办了全国首届三门球教练员培训班，全面系统地讲授了三门球运动的理论、教学、训练方法和基本技战术，进一步促进了三门球运动在全国各地的发展。

第二节 特点与价值

　　三门球是一项融观赏性和竞技性为一体的体育运动，场面激烈、对抗性强，具有独特的攻二防二体系，受到广大青少年的喜爱。

一、特点

(一)简单易学

三门球运动的器材简单、动作易学,作为一种新兴的体育锻炼方式,能够很好地达到强身健体、提高综合运动素质的目的。

(二)趣味性强

三门球运动是一项新兴的球类运动,其独特、新奇、追求个性解放的运动方式充满了趣味,吸引青少年积极参与。

(三)综合性强

三门球比赛场面激烈、对抗性强,运动过程不仅包括跑、跳、掷等各项技术动作,同时还具有球类项目的各项技术特色,是一项综合性体育运动项目。

(四)攻二防二

三门球比赛中,三方队员同场竞技,展现了独特的攻二防二运动体系。各方队员要处理好攻防关系,配合一方对另一方展开有利进攻,并随时做好防守准备。

二、价值

(一)促进身心发展

三门球运动的对抗性与游戏性适合青少年的生理特点和心理特点。经常参加这项运动,能够促进青少年的身心发展。

(二)培养意志品质

三门球比赛对抗激烈,身体接触频繁,要求队员在错综复杂、变化多端的比赛中作出正确的判断,合理运用技术动作,克服种种阻力和困难,并与同伴配合完成战术任务。这对培养青少年勇敢顽强、吃苦耐劳、坚韧不拔等意志品质具有积极作用。

(三)培养团队精神

三门球是一项三队同场竞技的运动项目,要想取得比赛胜利,不仅需要内部队员之间的相互配合,还需要队与队之间的积极配合,这比其他运动项目能更好地培养青少年的团队精神。

(四)促进交流,增进友谊

通过三门球运动,参与者之间可以相互交流经验,切磋球技,达到相互学习、共同提高,建立良好人际关系的目的。

第八章 三门球场地、器材和装备

三队竞技的三门球运动场面激烈，极具竞技性和观赏性，对场地、器材和装备都有较高的要求。高质量的场地是三门球运动开展的前提条件，而良好的器材和装备是运动参与者发挥较高水平的必要保证。

第一节 场地

场地是三门球比赛条件的一个重要组成部分，三门球场地一改其他运动项目方形场地，采取了圆形场地的形式。圆追求的是一种平衡，"和则一，一则多力，多力则强"。这些深厚的内涵思想无疑是支撑三门球运动的文化基础。

一、规格

场地的规格要求（见图 8-1-1）是：

（1）球场为圆形，地面平整，可覆盖草皮；

（2）球场周边安装 3 个球门，3 个球门间的距离必须相等；

（3）球场半径为 15 米，儿童使用的球场，最小半径为 12 米，球场丈量从界线的内沿量起；

（4）球场中央设有半径为 4 米的中圈；

（5）每个球门前设一禁区，禁区的画法是以球门底线中点为圆心，以 3 米为半径画弧与球场界线相交，禁区从界线外沿开始丈量；

（6）每个球门左侧分界旗向右 10 米，距球场界线 1 米的区域为该三门球队成员席；

（7）球队成员席右侧 1 米见方的区域为该队替换区域；

（8）球场内和球场界线外 1 米内无任何障碍物。

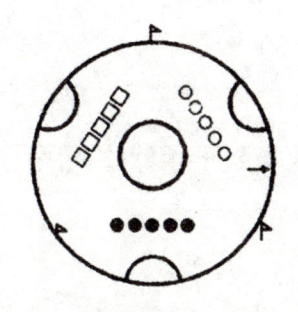

图 8-1-1

二、设施

(一) 球门（见图 8-1-2）

（1）球门用木头、轻金属或合成材料制成；

（2）球门为高 1.6 米、宽 2 米的长方形，门柱横断面为 8 厘米 ×8 厘米；

（3）球门漆黑白相间色，并在每个球门横梁正中安装一块长 50 厘米、宽 8 厘米，颜色分别为红、绿和黄色的标志牌，用于记分。

图 8-1-2

(二)球网(见图 8-1-3)

三门球比赛用球网类似于手球比赛所用球网。

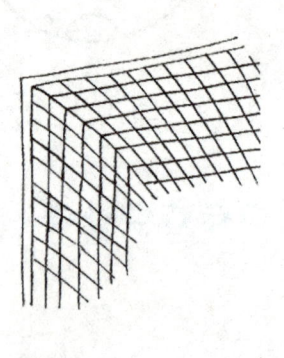

图 8-1-3

(三)分界旗、巡边旗(见图 8-1-4)

(1)在每两个球门之间界线的中点外,且距界线 1 米处设一面高 1.6 米的分界旗;

(2)分界旗为等腰三角形,底边长 0.6 米、高 0.3 米;

(3)红、绿两球门间的分界旗为红、绿色,绿、黄两球门间的分界旗为绿、黄色,黄、红两球门间的分界旗为黄、红色;

(4)巡边旗为长方形,长 0.4 米、宽 0.35 米,旗杆高 0.6 米;

(5)巡边旗由红、绿、黄 3 色组合而成,用布料或绸料制成。

图 8-1-4

第二节 器材

从事三门球运动的主要器材是球,球的好坏及适应与否在一定程度上可以决定比赛的胜负。

一、球的规格

(1)球为正三棱体,顶部是弧形,且不要充气太足(见图 8-2-1);
（2)棱长 0.16 米(小学用球棱长 0.12 米),重量不少于 250 克,不多于 300 克(小学用球不少于 200 克,不多于 250 克)。

图 8-2-1

二、球的材质

（1）球必须以皮革或者合成材料制成；

（2）球皮手感要柔软、平整，用高质量的整块皮革缝合而成，抗拉，接缝平整无缺陷，不伤手，不磨损，不爆裂。

第三节 装备

装备是任何运动项目的基本条件，好的装备能够使运动者更好地完成各种技术动作，并能有效地防止运动伤害的发生。

一、服装

三门球运动的服装包括正规比赛服装和普通练习服装等。

（一）正规比赛服装（见图 8-3-1）

比赛服装一般包括短袖运动衫、短裤或者短裙，具体要求如下：

（1）短袖运动衫、短裤或短裙可以是任何颜色，但其主要颜色应与比赛用球的颜色明显不同（衣袖和衣领除外），三队的比赛服颜色不得相同；

（2）同队队员必须身穿统一的运动服；

（3）运动服背上的号码长宽尺寸应不小于 20 厘米，胸前号码长宽尺寸不小于 10 厘米；

（4）运动服上的号码应为 1~99 号，号码由队员自行选择，号码的颜色应与服装的颜色有明显的区别；

（5）在运动服前面或侧面的任何标记或装饰物，以及队员佩戴在比赛服装上的任何物品，如珠宝装饰等，均不应过于显眼或反光，以免影响对方视线；

（6）服装上不得带有可能产生不悦或诋毁本项运动声誉的设计或字样；

（7）比赛的三方应穿着颜色明显不同的运动衫，以便观众容易区分；

（8）当三方中有两队所穿服装颜色类似，且均不愿意更换时，应抽签决定某一方必须更换；

（9）半套或全套运动服，不得在比赛时穿着，得到裁判长的允许除外；

（10）有关比赛服装的合法性及可接受性问题，应由裁判长决定。

图 8-3-1

(二)普通练习服装

(1)简单舒适即可,短袖运动衫或短裤质地要柔软,有弹性;
(2)短袖运动衫或短裤的颜色应与比赛的场地和比赛用球的颜色有明显区分;
(3)短袖运动衫或短裤应尽量显得宽松大方,不要紧身。

二、鞋

鞋一般应为软胶底,以便蹬地和发力,而且要防滑(见图8-3-2)。

图 8-3-2

第九章 三门球基本技术

三门球基本技术是指在比赛过程中根据战术要求完成的技术动作,它是三门球运动的基础。三门球基本技术是由进攻、防守和守门三部分组成,具体包括站立与移动、持球与传接球、运球、掷界外球、守门、射门、个人防守、假动作和突破等。

第一节 站立与移动

站立与移动是三门球的基本技术动作，站立是为了很好地起动，移动是为了更好地选择合适的位置进行进攻。

一、站位

三门球比赛中，为了突然起动、转身和改变身体重心，队员必须保持一个稳定而又机动的站立姿势，动作方法（见图 9-1-1）是：

（1）两脚开立（一脚略前），与肩同宽，两膝略弯曲，重心放于前脚掌上；

（2）抬头，两臂屈肘置于体侧。

图 9-1-1

二、移动

移动是改变位置、方向和速度的方法,它与掌握和运用各种进攻和防守技术有着密切的关系:在进攻中移动的目的是为了摆脱防守,完成接球、传球、射门和突破等技术;在防守中移动的目的是为了保持或抢占有利位置,并能及时地封、抢、断球等。移动技术主要包括快速跑,变速、变向跑,急停,转身和跳等。

(一)快速跑

快速跑用于封堵对手和抢断球,动作方法是:

上体略前倾,重心不宜太高,两臂弯曲自然摆动,两手随时准备抱拉对手和接球。

(二)变速、变向跑

变速、变向跑是指在快速跑动中利用变换速度和突然改变方向来摆脱防守和实施进攻的一种方法,动作方法是:

(1)加速跑时,上体应迅速前倾,重心前移,后脚用力蹬地;

(2)减速时,上体应快速抬起,重心略下降,前跨步幅略大;

(3)变向跑时,迈出的最后一步要屈膝支撑,脚尖略向内转,重心下降,接着迈出的一脚迅速用前脚掌内侧蹬地,同时顺势转体继续前进。

(三)急停

急停是指，在快速移动中突然停下而甩开对手的技术。在各种脚步动作的变化中，急停是动作之间衔接的纽带，动作方法是：

向前跨出或跳出一大步（可单脚前后落地，也可双脚同时落地），同时上体略后仰，重心下降略偏后，落在两脚之间。

(四)转身

转身是摆脱防守或改变身体方向进行传接球或射门时常用的方法，动作方法是：

(1)移动脚经轴心脚向前跨出并转体为前转身，反之即为后转身；

(2)转身前两膝略屈，上体略前倾，重心落在两脚之间；

(3)转身时，重心先移到轴心脚上，轴心脚脚跟提起，移动脚的前脚掌内侧蹬地，上体顺势转动完成前、后转身。

(五)跳

跳主要用于争取时间和空间，用以抢夺控球权，以及封堵对方射出或传出的球，包括单脚起跳和双脚起跳。

1. 单脚起跳

单脚起跳多在行进间运用，多用于射门和传球，动作方法是：

起跳时，起跳腿屈膝、伸直并过渡到脚掌用力蹬地，同时摆臂提腰，另一条腿屈膝上摆，借以增加对地面的作用力和保持身体的协调。

2.双脚起跳

双脚起跳多在原地运用,多用于接球和封堵球,动作方法是：

起跳时,上体前倾,略蹲,两臂迅速上摆,两腿迅速蹬伸向上跳起,上体在空中自然伸展。

第二节 持球与传接球

三门球运动的手部动作相当丰富,比赛进攻中的每一次射门机会,都是靠队员之间的积极配合和准确传接球而取得的。只有具备熟练、准确的传接球技术才能组织灵活多变的战术配合,创造更多的射门机会。因此,传接球是组织全队进攻配合的纽带,是实现战术配合的具体手段,是提高战术质量的重要环节。

一、持球

持球即单手或双手拿球的方法,是传球、射门、运球、假动作等各种基本技术的基础。只有正确且熟练地掌握持球方法,才能做到传球准确、射门有力、动作迅速和衔接协调。持球方法包括单手持球、双手持球和贴胸持球等。

(一)单手持球

主要的传球和射门动作都是单手完成的,因为单手持球比较灵活,便于进行下一个动作,动作方法(见图 9-2-1)是：

（1）五指自然分开，依靠手指和手腕的力量拿住球；

（2）整个手掌要贴紧球体，不要把拇指张得过大，否则易造成虎口紧张、手腕僵硬，影响手腕的灵活性。

图 9-2-1

（二）双手持球

双手持球主要用于接同伴传球，在持球突破时便于保护球，不易被防守者打落，动作方法（见图 9-2-2）是：

（1）两手持球于胸腹之间，五指自然分开，握球的两侧，两拇指在上，呈"八"字形；

（2）两手掌触球，两肘关节略外张，两手持球于体前胸腹之间，为传球或射门做好准备。

图 9-2-2

（三）贴胸持球

贴胸持球比较隐蔽,常在距离本队队员较近时使用,动作方法（见图 9-2-3）是：

右臂向胸前自然弯曲,五指张开接触球的前下方,掌心一般不接触球,将球贴近胸部。

图 9-2-3

二、传球

传球是指,在三门球比赛中队员之间有目的地转移球。在一定的战术方法中,准确的传球可以迷惑对方,打乱对方防守安排,容易制造射门机会。只有掌握多种方式的传球技术,才能适应比赛中的各种战术需要。传球技术包括单手传球和双手传球等。

(一)单手传球

单手传球包括单手肩上传球、单手侧体传球、单手勾手传球和单手背后传球等。

1.单手肩上传球

单手肩上传球常用于中远距离传球,特点是灵活、准确、便于控制,动作方法(见图9-2-4)是:

(1)开始时,两脚左右站立,距离约与肩宽,身体重心放在右脚上,右手持球在肩上,左肩对着传球方向,右肩自然弯曲;

(2)传球时,身体向右扭转,左脚向传球方向迈出一步,重心跟着前移,利用上体前倾、挥臂、甩腕的力量将球传出,左臂顺势自然摆开。

图 9-2-4

2. 单手体侧传球

单手体侧传球常在远距离传球和射门时使用，特点是传球力量大，球呈水平飞出，动作方法（见图 9-2-5）是：

（1）开始时，两脚前后开立，距离与肩同宽，眼注视传球方向，两膝略屈，左肩对着传球方向，身体重心放在右脚上，右手用手指、手腕将球扣住，左臂自然屈于胸前；

（2）传球时，右臂伸直向后方摆动，接着左脚向传球方向迈出半步，上体迅速向前扭动，手臂向前摆（右臂在体侧摆动，几乎与地面平行），当右臂摆到右前方时将球传出。

图 9-2-5

3. 单手勾手传球

单手勾手传球常在把球从对方头上传出时使用，特点是出手高，不易被拦截，动作方法（见图 9-2-6）是：

（1）开始时，左肩对准传球方向，以左脚前脚掌触地；

（2）传球时，右脚自然提起，右手持球上摆；

（3）当球摆到头顶时，肘关节顺势弯曲，同时屈腕把球传出。

图 9-2-6

4.单手背后传球

单手背后传球是一种隐蔽的传球方法,如果传球准确有力,对进攻有很大帮助,动作方法(见图 9-2-7)是：

(1)开始时,两脚自然开立(右脚在前),膝略屈,上体前倾,两手持球在腹前；

(2)传球时,两臂向右方摆动,当摆到右脚侧方时,左手随即离球,右手继续向左挥摆,将球传出；

(3)出球时,手指和手腕应上摆,臀部向右方略转,传球的方向与高度决定于球出手的早晚和手臂摆动的弧度。

图 9-2-7

(二)双手传球

双手传球包括双手胸前传球和双手低手传球等。

1.双手胸前传球

双手胸前传球常在近距离传球时使用,特点是对球的控制较强,传球稳定,动作方法(见图 9-2-8)是:

(1)开始时,两手持球于胸前,两脚前后自然开立,膝略屈,上体略前倾,身体重心放在两脚上;

(2)出球时,身体重心前移,两臂迅速伸直,同时手腕向上翻动,手指用力拨球;

(3)为了增大出球力量,传球时任何一脚可向前迈出一步。

图 9-2-8

2.双手低手传球

双手低手传球常在换位、策应或掩护配合时使用,特点是传球安全,动作方法(见图9-2-9)是:

(1)膝略屈,上体正直,两手五指自然分开,两拇指向上握住球的两侧下方,持球于腹前;

(2)传球时,将手腕上翻,小指、无名指上挑,轻轻将球传出去。

图 9-2-9

三、接球

接球是完成各种持球进攻的基础。三门球比赛中的接球大多是在跑动中进行的,在一些情况下,队员不仅要把球接稳,还要能迅速衔接进行下一个动作,如再传球或射门等。因此,三门球比赛对接球技术要求很高。接球包括双手胸前接球、双手接地滚球、双手接高空球、双手接低球、单手接体侧球、单手接高空球和双手接反弹球等。

(一)双手胸前接球

双手胸前接球的动作方法（见图 9-2-10）是：

（1）接球时，面向来球，两脚前后站立，两膝略屈，身体重心落在两脚上，上体略向前倾；

（2）接球时，两臂向来球伸出，两手手指自然张开，呈碗形，在球与手接触的瞬间，两臂随着来球后引，两肘自然向胸前靠近，将球接住。

图 9-2-10

(二)双手接地滚球

双手接地滚球的动作方法（见图 9-2-11）是：

（1）接球前，身体正对来球，两脚前后站立，屈膝下蹲，后腿深蹲，上体前倾，手臂自然垂直于两腿之间，手指自然张开；

（2）接球时，从球的下部上抄，将球抱于胸前。

图 9-2-11

(三)双手接高空球

双手接高空球的动作方法(见图 9-2-12)是：

(1)接球前,面对来球,两膝略屈,上体略前倾,两臂自然伸直后引,准备起跳；

(2)接球时,两臂迅速前摆,两脚用力蹬地往上跳起,到达最高点时在头的前上方将球接住；

(3)接球后,前脚先着地,随之屈膝下蹲。

图 9-2-12

(四)双手接低球

双手接低球的动作方法(见图 9-2-13)是：

(1)接球前,两脚前后(或左右)开立,身体弯曲下蹲,上体前倾,重心放在前脚,两臂自然下垂略向前伸,掌心相对,手指张开呈碗形;

(2)接球时,两手伸出迎球,手指接触球体时,两臂迅速顺势后引,缓和球的速度。

图 9-2-13

(五)单手接体侧球

单手接体侧球的动作方法(见图 9-2-14)是：

(1)接球前,两脚左右开立(略分前后),膝略屈,上体略向来球方向倾斜,重心放在接球手同侧的脚上,手臂略屈向前侧方伸出,手指自然张开;

(2)接球时,手臂随球后引,同时重心立即移到两脚上,手臂由后划弧至体侧将球勾回,并用左手将球扶住。

图 9-2-14

(六)单手接高空球

单手接高空球的动作方法(见图 9-2-15)是:

(1)接球前,两脚左右开立,距离略小于肩宽,两腿略弯曲,两臂下垂做准备跳起的姿势;

(2)接球时,两臂迅速上摆,同时两脚用力蹬地向上跳起,当身体跳至最高点时,右手上伸,手指自然张开,手掌略屈呈碗形,另一手自然屈于胸前,当球接触手指时,立即屈腕收臂,同时另一手迅速将球拖住;

(3)落地时,膝略屈,持球置于胸前,并用上体掩护。

图 9-2-15

(七)双手接反弹球

1.高手接球

高手接球的动作方法(见图 9-2-16)是：

(1)接球时，两脚前后开立，上体前倾，后腿略屈下蹲，两臂向球的落点伸出，两手手指自然张开，拇指相对形成比球略大的半圆形；

(2)当手接触球后，两臂弯曲，身体直立，将球置于胸前。

图 9-2-16

2.低手接球

低手接球的动作方法(见图 9-2-17)是：

(1)接球时身体姿势与接低球相似；

(2)在球从地面反弹的同时，两臂向球落点伸出，掌心略向下接住球。

图 9-2-17

第三节 运球

在三门球比赛中，要根据不同情况使用不同的运球方式，目的是引诱对方向自己靠近，为传球打开道路，或使同伴摆脱对方防守。运球包括拍运球和抛运球等。

一、拍运球

拍运球常在行进中使用，动作方法(见图 9-3-1)是：
(1)手持球，将球向前下方拍出；
(2)球弹至与腹部齐高时，用两手接住，并向前方跑 3 步(不能超过 3 步)，然后继续拍运。

图 9-3-1

二、抛运球

抛运球常在前方没有人防守时使用,以便争取进攻时间,动作方法(见图 9-3-2)是:

(1)抛运时,将球向前上方抛出;

(2)当球落地弹起时把球接住,然后继续抛运。

图 9-3-2

第四节 掷界外球

掷界外球时，两脚前后或左右开立，保持两脚着地，两脚的位置和方向由掷球的方向决定，动作方法（见图 9-4-1）是：

（1）开始时，两脚着地，两手手指开握球的后半部，两臂弯曲，持球过头顶；

（2）掷界外球时，两脚用力蹬地，同时两臂向前挥摆，加上腰部和上体前屈的力量将球掷出。

图 9-4-1

第五节 守门

三门球的守门技术有很多地方和足球守门技术相似，包括接地滚球、接胸腹同高球、接头部以上高球、侧面倒地接球和鱼跃扑球等。

一、接地滚球

接地滚球的动作方法（见图9-5-1）是：

（1）开始时，两脚并立，相距约10厘米，上体前屈，两臂自然向下伸出，掌心向前，手指略张开；

（2）接球时，如来球的方向偏左或偏右，就应该先向左或向右跨出一步，使身体对着来球，再用上面的动作去接球。

图 9-5-1

二、接胸腹同高球

接胸腹同高球的动作方法（见图9-5-2）是：

（1）开始时，两手向前伸出迎球，两手由下向上抄；

（2）接到球时，两手顺势后引，将球抱到胸前，并用胸部将球压住；

（3）来球如偏左或偏右，应迅速向左侧或向右侧跨出。

图 9-5-2

三、接头部以上高球

接头部以上高球的动作方法(见图 9-5-3)是：

(1)接球时，两臂上举，手指自然分开，手触球后顺势将球抱住置于腹前；

(2)如果来球力量较大而不易接住，可以让球在接触手掌后顺势落地，或有意地把球拍在球门区内，或是用单、双掌击球，使球飞出球门区。

图 9-5-3

四、侧面倒地接球

侧面倒地接球的动作方法（见图9-5-4）是：

（1）扑球时，用与来球方向同侧的脚猛力蹬地或预先跨步后再蹬地，如向右侧扑，即用右脚先向前右跨一步，接着右脚再向右跨一步，落地时用力蹬地；

（2）扑出去以后，应使小腿侧面、大腿、体侧、手臂依次着地，以免受伤。

图 9-5-4

五、鱼跃扑球

鱼跃扑球的动作方法（见图9-5-5）是：

（1）扑球时，用与来球方向同侧的脚猛力蹬地，如向右侧扑，即用右脚先向右跨一步，接着右脚再向右跨一步，落地时用力蹬地；

（2）扑出去以后，应使小腿侧面、大腿、体侧、手臂依次着地，以免受伤。

图 9-5-5

第六节 射门

射门是得分的最后环节,每个队员都必须掌握好这项技术。根据射门时的移动情况,射门可分为原地射门和跑动中射门两种,在动作上又分为正面肩上射门、体侧射门、转身射门、背后射门和低手射门等方式(见图 9-6-1)。

图 9-6-1

比赛中常用的射门方式是用单手肩上射门和体侧射门，必要时也可适当运用单手低手射门和背后射门。

射门的动作方法和传球的动作方法基本相同，只是射出的球要有力，速度要快，并且射向球门上面两角或使用反弹球，使守门者不易接住或很难判断。在跑动中射门时，应用右脚起跳，腾空后要观察守门者的弱点或运用假动作骗过守门者。

第七节 个人防守

三门球比赛是一个要求整体行动的运动项目，每一名队员防守的好坏，都决定着集体防守的成败，也决定着整场比赛的结果。因此，每名队员除练习个人进攻技术外，还必须熟练掌握个人防守技术，包括防守基本技术和防守方法等。

一、防守基本技术

防守基本技术包括防守姿势、防守位置和防守原则等。

(一)防守姿势

防守姿势的动作方法(见图9-7-1)是：

两脚左右分开,一脚略前,两膝略屈,身体重心落在两脚上,上体略前倾,两臂张开。

图 9-7-1

(二)防守位置

确定防守位置的方法是：
(1)站在对方和本队球门连线上,距离对方 2.5～3 米；
(2)如距离球门较近,特别是在任意球弧内,则应张开两臂紧贴对方,防止对方进行有力的射门。

(三)防守原则

防守时必须遵循积极、主动和快速的原则。积极防守不但能稳固后防,而且能争取快速反攻的机会。

二、防守方法

防守传球者、运球者、射门者和无球者等不同对象,应采用不同的防守方法,包括防守传球者、防守运球者、防守射门者和防守无球者等。

(一)防守传球者

防守传球者的动作方法(见图9-7-2)是:

(1)张开两臂,在可能传出球的方向不断地晃动,尽力使对方传不出球,或迫使对方传球不准、传不好球;

(2)如对方已将球传出,仍然要紧跟对方进行贴身防守,切勿因球的转移而转移防守对象,使对方切近造成射门机会。

图 9-7-2

(二)防守运球者

防守运球者的动作方法是：

（1）迅速退到对方与本方防守的球门之间，阻止对方继续向前运球、传球或射门，切勿盲目扑球，以免被对方切入；

（2）如对方已绕过自己切入，应做前转身跟进，站在对方与球门之间，阻止对方进攻。

(三)防守射门者

防守射门者的动作方法是：

（1）必须逼抢对方，要特别注意持球手的动作；

（2）主动去抢球，但不要盲目扑球，以免造成在球门区内犯规，被罚直接任意球。

(四)防守无球者

防守无球者的动作方法是：

（1）随着防守对象迅速移动，注意力要集中在对方球员身上，然后才注意球，否则容易被对方绕过或骗过，顺利达到进攻的目的；

（2）当对方采取掩护时，应迅速和同伴交换防守对象或采用区域防守，破坏对方球员的进攻。

第八节 假动作

比赛中防守方防守严密时，进攻方为了迷惑对方，可运用假动作，使其不能掌握进攻者的动作意图和进攻路线。假动作包括持球假动作和徒手假动作等。

一、持球假动作

持球假动作的方法有很多，应根据场上具体情况采用不同的假动作。比如进攻者先做出向左传球动作，这时防守者一般会去扑球而失去重心，进攻者应立刻改为从右边切入，或将球传给右方位置较好的同伴。但要注意的是，如果对方已经识破是假动作而不移动，那么这时就应该把假动作变成真动作，从而达到突破防守、形成进攻的目的（见图9-8-1）。

图 9-8-1

二、徒手假动作

徒手假动作主要是为了摆脱对方的防守,顺利地达到进攻的目的,因此可以运用慢跑、突跑、加速跑、变速跑、变向跑、快速跑和急停等方法,以摆脱对方的防守。

第九节 突破

突破是持球队员运用身体动作,快速超越和摆脱对手的一项具有强烈攻击性的进攻技术,是个人进攻的重要手段。根据三门球比赛的特点,突破分为躲闪突破和挣脱突破等。

一、躲闪突破

躲闪突破是持球队员避开防守队员抱、拉、拦的一种突破方法。躲闪突破一方面是利用速度的变化,急停急起甩开对手,另一方面是利用突然改变跑动的方向或利用变相的假动作闪开防守者。躲闪突破包括脚步动作运用、上体动作运用、手臂动作运用和加速跑等。

(一)脚步动作运用

脚步动作运用是指,利用突然的蹬跨或跳跃,以及适时的后撤和转移进攻方向(由进攻甲方转为进攻乙方球门)来完成突破。

（二）上体动作运用

上体动作运用是指，为迷惑对手可在脚步的配合下左右晃动上体，调动防守方作出错误判断，即用所谓的假动作实施突破。

（三）手臂动作运用

手臂动作运用是指，为防止对手封堵球或被对手拉、抱住，采取抡臂的方法，一方面保护球，一方面甩开或超越对手，完成突破进攻。

（四）加速跑

加速跑主要是利用进攻者自己的绝对速度和强大冲击力强行突破。

二、挣脱突破

挣脱突破是指，持球队员在被对手抱、拉住躯干或上肢时，通过一定的技法挣脱对手，完成突破的方法。根据被对手抱、拉的程度和部位，可采取不同的挣脱方法：

（1）一手被拉住时，采用抡臂方法可解脱，或在另一手臂的帮助下，用被拉手臂向防守者虎口方向用力下压或上翻；

（2）两手臂和躯干被抱住时，扭动躯干，在两臂向外扩张用力的同时，用两小臂上拱，从对手两臂中挣脱。

第十章 三门球基础战术

三门球是一项对抗激烈的体育运动,队员在比赛中必须合理运用各种战术进行配合。战术的选择和执行,应根据比赛中的复杂情况采取相应的变化。

第一节 队员职责

三门球比赛中,三方均上场 5 名队员,包括 1 名前锋,1 名中锋卫,1 名右锋卫,1 名左锋卫和 1 名后卫。每名队员都有各自的职责。

一、前锋

前锋是进攻中最活跃的队员,肩负着进攻、转移和协防的任务,一般活动在两个对方的球门区前(见图 10-1-1)。

前锋一方面要有相当强的攻击能力,善于捕捉机会随时发动进攻;另一方面还要有灵活的协防能力,并能通过有意识地快速跑动与穿插,达到扰乱对方进攻的目的。

图 10-1-1

二、锋卫

锋卫包括中锋卫、左锋卫和右锋卫。中锋卫是场上的核心人物,担负组织全队进攻、防守与协防的任务。左锋卫和右锋卫肩负着进攻、佯攻、防守和协防的任务(见图10-1-2)。

(一)进攻

3名锋卫是主要的攻击手,可以通过以下方式发动进攻:
(1)凭借个人能力进攻;
(2)右锋卫、中锋卫和前锋组成进攻单元;
(3)左锋卫、中锋卫和前锋组成进攻单元。

(二)防守

锋卫可凭借个人防守能力,以及锋卫之间构成的防守体系,极大地瓦解对方的进攻和威胁。

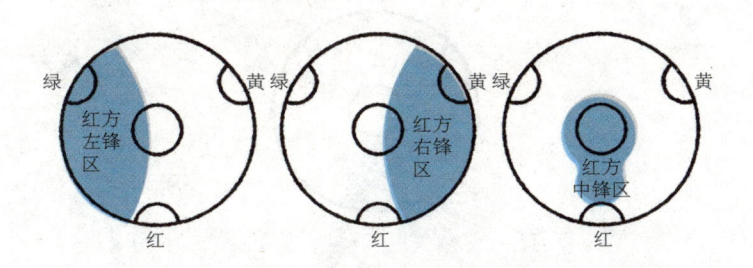

图 10-1-2

三、后卫

后卫的职责是在球门内直接防守己方球门，肩负着防守本方最后一道防线的重任，同时还肩负着发动快攻和进攻中转移的任务，应由身材高大、反应快、弹跳力强并善于准确判断来球的队员担任(见图10-1-3)。

(一)守住球门

后卫的主要任务是守住球门，他在球门区内要接住对方队员射来的球，或接住本队队员挡落在球门区内的球，然后再将球传出。

(二)指挥卫线防守

后卫在指挥卫线防守方面起很大作用，他从后面可以清楚地看到锋卫队员的防守漏洞，能随时指挥锋卫队员作出调整，尤其是在球门区附近罚任意球时，后卫应当指示本队队员的防守站位。

图10-1-3

第二节 基本阵形

基本阵形也叫基本站位。三门球比赛中常用的基本阵形有3种,即"1-3-1"阵形、"1-1-2-1"阵形和"1-2-1-1"阵形(见图10-2-1)。

"1-3-1"阵形的特点是讲究平衡,"1-1-2-1"阵形的特点是偏重防守,"1-2-1-1"阵形的特点是注重进攻。

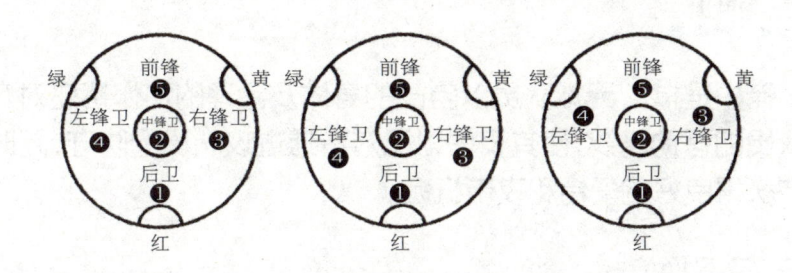

图 10-2-1

第三节 进攻战术

三门球比赛的进攻战术主要包括进攻基础配合、快攻和佯攻与转移等。

一、进攻基础配合

三门球比赛中,二三人之间有目的、有组织的协调行动,是全队战术构成的基础,包括传切配合、掩护和交叉换位等。

(一)传切配合

传切配合是指,进攻队员传球后,以变向、变速跑,以及假动作摆脱对方,快速切向对方球门区,接同伴传球进行攻击。

(二)掩护

掩护是指,无球队员以自己的身体及合理的动作挡住对方防守队员的移动路线,使其丧失对己方持球进攻队员的防守,同时使己方获得良好的配合和攻击机会。

(三)交叉换位

交叉换位是指,靠近的两个队员向进攻目标做交叉跑动,互换位置,借以摆脱防守,获得攻击的机会。

二、快攻

快攻是由防守方转入进攻方并进行快速反击的一种进攻组织形式,要求以最快的速度、最短的时间向对方球门区推进,乘对方立足未稳,果断合理地利用快速有效的配合进行攻击。快攻有长传快攻和短传推进快攻两种形式。

(一)长传快攻

长传快攻是指，在防守获球后，用一次传球将球传给已接近对方禁区的同伴，形成攻击机会。这种战术的特点是速度快、时间短、配合简单。

(二)短传推进快攻

短传推进快攻是指，在防守获球后，利用短距离快速多次的传球配合，迅速接近攻击区。这种战术的特点是灵活、多变，容易造成射门机会。

三、佯攻与转移

佯攻与转移是指，进攻者为迷惑两个对方，对其中一方形成进攻态势，然后通过长传或短传突然向另一方进攻，以攻其不备。

第四节 防守战术

三门球比赛的防守战术包括防守基础配合、防守快攻和协防等。

一、防守基础配合

防守基础配合分为防持球队员配合和防无球队员配合。

(一)防持球队员配合

三门球比赛中,对持球队员的防守配合可采取合围的方式,即临近的两个防守队员可同时上前使进攻者无法突破和射门。

(二)防无球队员配合

三门球比赛中,对无球队员的防守配合可采取"关门"的方式,即相邻的两三个防守队员迅速靠拢,关堵对方前进路线。

二、防守快攻

快攻是三门球比赛中最常用的战术之一,因此,防守快攻就必然成为防守战术的重要部分。

(一)提高防守意识

三门球比赛中的攻防转换非常频繁,提高防守意识是防守快攻的思想保证。

(二)堵截快攻第一人或第一传

在对方即将发动快攻时,应迅速围堵持球队员,封拦第一传,这是防守快攻的最好办法,可以延缓对方的进攻速度,瓦解其快攻战术。

三、协防

三门球比赛具有独特的攻二防二体系,协防战术运用极为普遍,包括同队内部协防和两队之间协防。

(一)同队内部协防

当某防守队员被持球进攻队员突破或无球队员占据最佳射门位置时,临近防守队员应积极补位防守,以弥补本方的防线缺口。

(二)两队之间协防

三门球比赛中,两队之间协防是维护自身利益的需要。因为在进攻方进球时,另外两方都要被扣分,这就决定了两队之间协防的重要性。当一方队员控球时,另外两方队员便结成联盟,形成统一防线,以阻止控球方队员的进攻。

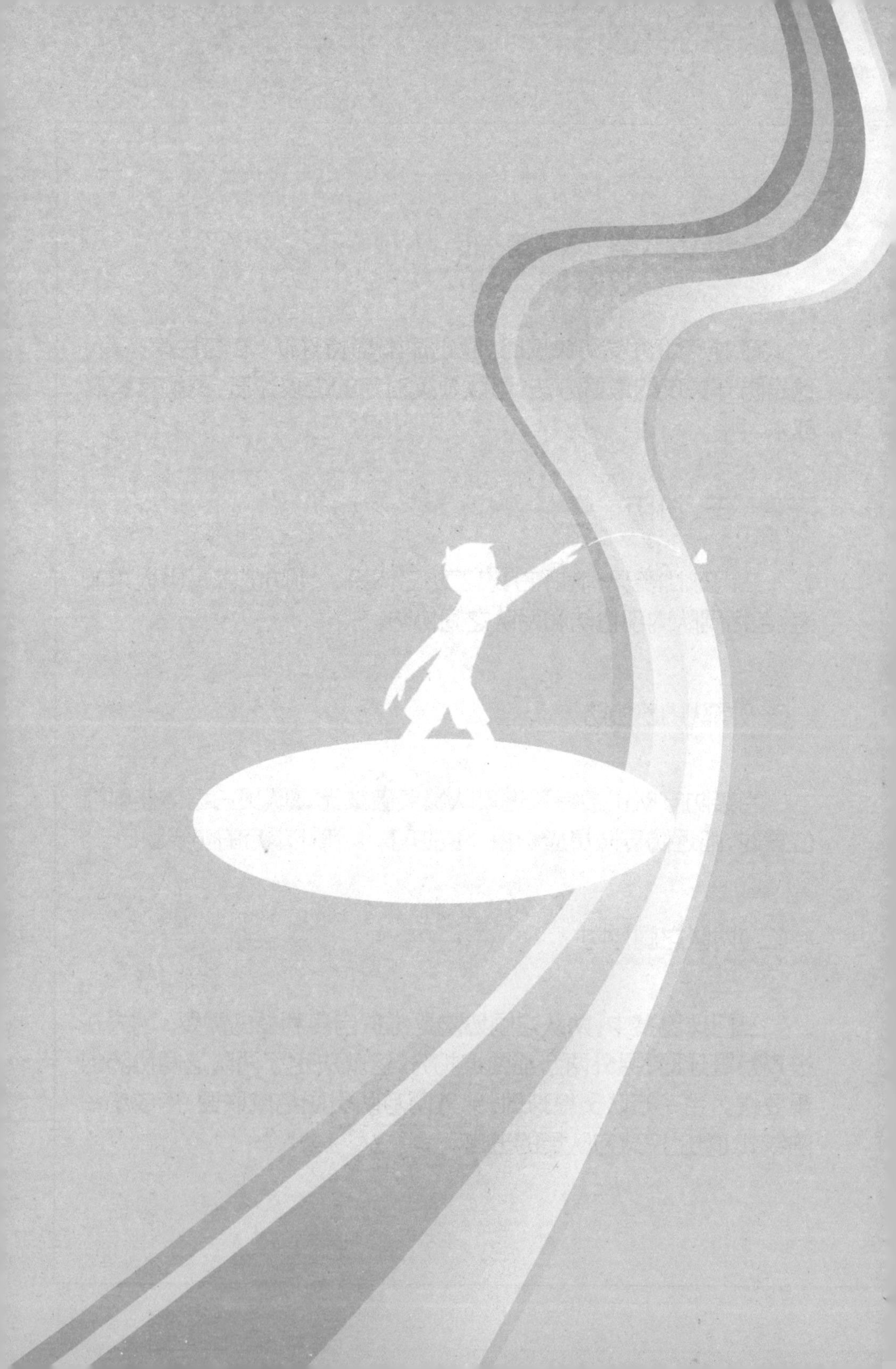

第十一章 三门球比赛规则

三门球是一项新兴的体育运动项目,其比赛规则在摸索中不断发展完善,现已基本成熟。

第一节 程序

三门球比赛需要按照一定的程序进行，以保证比赛的公平和公正。

一、比赛时间

三门球比赛分为3节，每节10分钟，两节之间休息5分钟。

二、比赛方法

（一）进场

（1）每一节比赛开始时，裁判员应面向记录台，站在球场界线处，鸣哨招呼队员进场；

（2）队员进场后，沿着本方球门禁区界线外站立；

（3）裁判员到达掷球位置时，应面向记录台，用约定的手势和所有巡边员、记录员、计时员联系，然后再观察队员是否做好准备，待一切准备就绪后再开始掷球比赛；

（4）裁判员至中圈掷球时，各队队员可以移动位置，准备进攻或防守。

(二)开球

开球时,允许从中圈向任何方向掷球。球离手前,三方队员必须站在本方场区内。

(三)轮换场地

比赛开始前抽签决定各方队员位置。每一节比赛结束后,各方球门上的标准牌和分界旗按顺时针方向移动,轮换场地。

(四)暂停

每节比赛各队均有1次暂停机会,每次暂停时间为1分钟。

(五)换人

比赛过程中可以随时换人,但必须在本方场区的换人区换人。

(六)有效射门

(1)球的整体进入某方球门,无论是停在球门内还是弹出球门,均视为有效射门;

（2）防守队员发生违例、侵人犯规，裁判员鸣哨时进攻队员已出手，射中的球有效；

（3）比赛时间终了，裁判员鸣哨时进攻队员已出手，射中的球有效。

（七）胜负判定

比赛开始，每队基本分为 80 分。比赛时间内，被进攻队射中球门的一方扣 2 分，防守的另一方扣 1 分。若进攻方依次轮流各攻入另两队球门 1 次，则加 2 分。三节比赛中积分最多的队获胜。

第二节 裁判

对于比赛而言，裁判员合理的裁判工作是比赛顺利进行的保证；对于队员个人来说，了解和掌握裁判规则能够使自己充分发挥技战术水平。

一、裁判员

（一）人数

三门球比赛的裁判员为 7 人。

(二)组成

三门球比赛的裁判员包括1名裁判长、3名临场裁判员、1名记录员、1名计时员和1名广播员。

(三)位置

3名临场裁判员每隔5分钟交换1次位置。

(四)职责

裁判员是比赛的组织者和主持者,他们的工作对比赛能否顺利进行起着关键作用。因此,裁判员必须认真钻研三门球比赛规则和裁判法,正确执行各项规定,准确掌握裁判尺度。

在执行裁判任务时,临场裁判员要沉着冷静、谦虚谨慎、严肃认真,鸣哨要清脆而有节奏,手势要清楚大方。

二、违例

(一)脚踢球违例

三门球是一项不允许用脚踢球、不允许用下肢任何部位击球

的运动,有关判罚规则如下:

(1)下肢的任何部位无意中接触球,而本方又未获得球,则不必判罚;

(2)球碰下肢或下肢无意中接触球后,本方又获得了球,则应判罚违例;

(3)下肢任何部位接触球后,球直接进入对方球门,则应判罚违例,进球无效。

(二)五秒违例

(1)进攻队员持球,五秒内未能将球传、拍、投、滚出手,也没有射门、持球跑运,应判进攻队员违例;

(2)防守队员采用合法的防守方法抱住、拉住进攻队员时,进攻队员仍在跑运或移动位置,但五秒内进攻队员未传球或射门,应判五秒违例;

(3)裁判员在判罚五秒违例时,应注意判罚时机,即持球方被防守方抱住或拉住而无法将球传、拍、滚出,防守方也无法抢到球,应及早判罚;持球队员被防守方抱住或拉住,虽然已到五秒,但防守方明显可以抢到球,或进攻方明显可以摆脱,则不必立即判罚。

三、犯规

（一）持球撞人

持球队员向空隙突破或切入时，由于防守队员迅速移动，及时补位占据了合理的防守位置，而后发生相撞，应判持球撞人。

（二）防守犯规

持球队员跳起射门，防守队员不是为了封球，而是迎顶已占据空间位置的持球队员，而后发生相撞，应判防守犯规。

（三）队员技术犯规

以下情况判队员技术犯规：
（1）漠视或不服从裁判员的判决而与裁判员进行争辩；
（2）同裁判员及其助理人员接触时没有礼貌；
（3）使用侮辱性语言侮辱对方或戏弄、威胁对方；
（4）被判警告后不按规则要求正当举手；
（5）妨碍发球以延误比赛；
（6）擅自更换号码，同队队员使用相同号码，登记号码和实际号码不符；
（7）没有按规定的替换程序换人；

(8)离开场地去获得不正当的利益;
(9)故意进入禁区进行防守;
(10)故意推倒、移动、损坏球门或分界旗。

(四)球队技术犯规

以下情况判球队技术犯规:
(1)防守的一方故意阻止防守的另一方进行防守;
(2)故意失去获得球的机会,让另一方获得球,或故意将球传给另一方;
(3)故意离开有利的防守位置,或故意不去占据有利的防守位置,给进攻方造成射门机会;
(4)故意造成违例,使另一方获得发球机会。

四、处罚

(一)警告

(1)裁判员出示黄牌,表示对某名队员警告,队员累积2次被警告要被判罚出场2分钟;
(2)全队累计3次警告,再被警告的队员要被判罚出场2分钟;
(3)每名队员只能被罚出场2次,如被罚出场第3次,就要取消其该场的比赛资格,2分钟以后由其他队员替补。

(二)取消比赛资格

对于严重犯规和有损体育道德行为的队员,裁判员可以不经警告直接出示红牌,取消其比赛资格。